飘落的种子

四十八个西路红军流落生活纪实

王国华 孙瑛 主编

兰州大学出版社

图书在版编目(CIP)数据

飘落的种子:四十八个西路红军流落生活纪实/王国华,孙瑛主编.—兰州:兰州大学出版社,2008.6

ISBN 978-7-311-03086-5

Ⅰ.飘… Ⅱ.①王… ②孙… Ⅲ.中国工农红军—战士—回忆录 Ⅳ.K825.2

中国版本图书馆CIP数据核字(2008)第089292号

书　　名	**飘落的种子**
主　　编	王国华　孙　瑛
出版发行	兰州大学出版社　(地址:兰州市天水南路222号　730000)
电　　话	0931-8912613(总编办公室)　0931-8617156(营销中心) 0931-8914298(读者服务部)
网　　址	http://www.onbook.com.cn
电子信箱	press@lzu.edu.cn
印　　刷	兰州新华印刷厂
开　　本	880 mm×1230 mm　1/32
印　　张	9.875
字　　数	207千
版　　次	2008年6月第1版
印　　次	2012年8月第3次印刷
书　　号	ISBN 978-7-311-03086-5
定　　价	20.00元

目　录

种子　小草　基石

——《飘落的种子》序

董汉河

看罢王国华和孙瑛主编的收录了48名中国工农红军西路军老战士小传的书稿，建议她们将原定的书名《往事再回首》改为《飘落的种子》，这不但是我的深切感受，而且也包涵着我多年研究西路军的一些理性思考。

本书所写的48名西路军战士，大部分是流落在张掖地区的，也有个别流落外地的。这些人中有原川陕省委妇女部部长张庭福（原名张庭富），也有少数原是团、营、连、排级干部，但多数是普通战士，几乎全都是因西路军失败，流落在河西走廊的。他们有的是被敌人活埋后从万人坑中爬出；有的是被老乡藏在夹墙里躲过了敌人的追杀；有的是被马匪刀砍枪杀后死里逃生；有的是被敌人凌辱后遗弃在路旁……他们就像一颗颗飘落的种子，历经坎坷磨难后，顽强地生

根、发芽。不管是长成一棵小草，还是一棵红柳，他们都自强不息，以惊人的生命力顽强地活着。红军时期血与火的战斗，锻炼了他们刚韧的脊骨，培育了他们红色的遗传基因，因此，不管是被俘遭难，还是隐姓埋名、出家入道，他们对红军的信仰，对共产党的感情，从来没有改变过。解放后，他们有的重新入党，有的当过乡村干部，更多的是普通群众。不管是什么身份，不管在何种环境中，他们都是党可以完全信任和依靠的基本力量，在群众中有很好的口碑；在《西路军女战士蒙难记》中，我曾说：胜利的战争，是高耸入云的丰碑；失败的战争，则是深埋地下的基石。读完这48名西路军老战士的小传，我还想说：他们不但是胜利丰碑的基石，也是共和国的基石。因有了他们，红色的基因便可以一代代传下去，他们真正诠释了"长征是播种机"的至理名言。

这是一段沉重的历史。也许有人会问：西路军西征河西走廊也算红军长征吗？是的。红一、二、四方面军的会宁会师，只是长征胜利的标志，并不意味着长征的完全结束。实际上，会宁会师后，仅十余天，会宁城就失守了。长征还有两个尾声：一是黄河以东的红军主力，在胡宗南等十几万蒋介石嫡系部队的强势压迫下，边打边撤，以山城堡战役的胜利而告结束；二是西路军按中共中央的战略部署和命令，西进河西走廊建立根据地、“打通国际路线”，因策应河东主力和“西安事变”等原因，以失败而告结束。这两个尾声，实质上是长征的一部分。更重要的是，西路军两万多名将士全都是经历过长征，并参加过会宁会师，是名副其实的长征红军。然而，由于西路军失败，他们不但长期与“长征红军”的身份无缘，而且在历次运动中大多数人都遭受过反复审查、甚至批斗，背上“叛徒”“变节分子”“张国焘的走狗”等罪名。有的幸运躲过了敌人的枪林弹雨，却不幸死在自己的同志手里。因此，记录他们的历史，有着特殊的意义，这不但可以告慰革命先辈，使他们感到温暖和光荣，也可以激励后人。

这是一段超越血缘亲情的历史。种子需要土壤、水分和阳光才能生根、发芽、开花、结果，当这些战士像被风带到空中的种子一样飘浮不定时，是当地的百姓不分民族、不分地域、不分男女老幼冒死向他们伸出了援助之手，使这些来自红色区域的种子找到了生存的土壤，而党和政府的承认和关心则是他们成长的阳光雨露。可以说，围绕蒙难西路军将士所开展的营救史更是一段超越血缘亲情的历史。

这是一段历史的足迹，它离我们已经70多年了，这段历史的主要当事人、见证人大多都已故去，但这段触目惊心的历史却深深地印记在河西走廊的大漠、

戈壁、雪山、草原上。

我们感谢不辞劳苦为这些西路军老战士作传的作者和出版者们,尽管每个作者的学养和水平不尽相同,但他们的努力,却使我们感到一种精神和人格的力量,还使我们看到和感受到更丰富的历史,令我们深思,给我们以启迪。

二〇〇七年三月于兰州

张幸福、杜天德、薛正香
——共同编织命运的旋律

1936年10月，中国工农红军一、二、四方面军在甘肃会宁胜利会师后，红四方面军的第三十军、第九军、第五军及总部直属部队奉中央军委命令相继西渡黄河执行“宁夏战役计划”。红军渡河后，在景泰县一条山、五佛寺等地与敌激战数日，取得了重大胜利。11月，渡河部队奉命改称西路军，放弃一条山和五佛寺渡口，踏上了进军河西走廊的艰苦征程。

西路军两万余人渡过黄河，转战景泰、古浪、武威、永昌、山丹、张掖、临泽、高台、安西等地，历经五个多月，与马步芳、马步青的十多万敌

1937年1月，红军在高台召开会议

军，血战 70 余次，予敌以重创。后终因孤军深入，弹尽粮绝，寡不敌众，于 1937 年 3 月在祁连山区惨遭失败。西路军失败后，近 4000 人流落在甘肃、青海、宁夏一带。

该故事的三个主人公便在这 4000 人当中。

第一位主人公张幸福，男，至今健在，现年 91 岁，祖籍四川。张幸福 18 岁参军，曾在红四方面军七十三师二七〇团团部当勤务员，后到师医院当看护。1937 年 1 月，红五军高台失利后张幸福随部队退守到临泽石洼子。后来部队开了个紧急会议，又重新编队，身强的拿好枪，体弱的拿破枪，然后组队绕道进祁连山。伤员残兵和大部分女兵共 1000 多人，在组织部长张琴秋的带领下，与大部队分道突围。当夜走了二里左右，张幸福所在部队来到一片松树林，张琴秋让大家拾柴烤火，并且下命令让大家把破枪、证件和所有文件全部烧掉之后，表情凝重地对大家说："同志们，今晚是我们大家的最后一次见面，以后我们能否见面还不知道，现在你们就各自逃命吧！但你们要记住，党和部队迟早会找你们的！"话刚讲完，当场的 1000 多人便大哭起来，但时间容不得他们再聚在一起。不一会儿，马匪的骑兵便向这里包抄过来，部队只好四散逃命。张幸福在外逃了两天后，被马匪兵俘虏，先后被送到张掖、青海等地当劳工修挖防空洞。1938 年夏天，他从战俘营中逃出来，一路讨饭至古浪，1941 年在古浪十八里堡被当地保安队抓去当护路民工。

第二位主人公叫杜天德，男，祖籍四川，1956 年因病去世。杜天德 20 岁从四川参军，后参加红西路军西征，在红西路军某部当战士。1936 年 11 月，杜天德在古浪横梁山战斗中因眼睛受伤与部队失去联系后，流落到古浪八里营王家庄，从此隐名埋姓，做了一名挑担的生意人，聊以糊口度日。

第三位主人公叫薛正香，女，尚健在，现年 94 岁，祖籍四川。薛正香 19 岁参加红军，后参加红西路军西征，在红西路军某部当宣传员。1937 年临泽战斗失败后，薛正香带着一部分女兵在突围时被马匪军俘虏，后押到武威新城。马匪军将这些被俘的女兵分成几等，分赐给部下，薛正

香被赐给一位马匪军军官。后薛正香寻找机会跑了出来,在古浪巧遇杜天德,于是故事就发生了。

1937年对女红军薛正香来说是备受屈辱的一年。临泽战斗失败后,薛正香带着30多个女兵，大部分为部队文工团队员和随军护士。她们抛弃枪支,烧毁文件和随身所带的各种证件,化装成农妇准备摆脱马匪军的围追。没想到刚刚踏上东去的路便被一队马匪军的骑兵包围俘虏。当年10月，薛正香和她的战友们被马匪军带到武威新城的战俘营，一律被马匪军分成等级赐配给他们的官兵做老婆。

薛正香被赐配给马匪军的一位骑兵排长，在饱受蹂躏后的一个深夜,趁这位排长酒醉后薛正香逃了出来。

她混出凉州城后,将自己满脸涂上泥巴黑灰,头发抓乱,打扮成一个讨饭的民妇,向东走去。一路上她不敢走大路,只找偏僻的乡间小道狂奔。在连续走了两个昼夜后,由于没吃没喝,加之连续行路的劳累,在古浪八里营附近的一个山脚下昏了过去。

当时，杜天德正好挑着货郎担走村串乡到附近，发现薛正香后,迅速将她背回家中,并亲自给她喂饭喂水,薛正香终于苏醒过来。言谈中,杜天德发现薛正香是四川口音,便马上明白了薛正香的身份。随后两人在推心置腹的交谈中,两颗心贴在了一起,加上两人共同的遭遇和当时

1937年在高台被俘的红军

的处境，在一段时间的接触后，两人结为夫妻。那时，武威至古浪一带沿途马匪队伍横行，大肆追杀流落红军，并且还宣告："如有窝藏红军不报者，与共匪同罪。"为了保证安全，杜天德让薛正香成天待在家中足不出户，自己则在外挑货走卖，日子过得非常艰辛。

尽管如此，杜天德依然无怨无悔，后来，他们的大女儿出生了，使本来就拮据的生活又变得更加窘迫。为了谋生，薛正香只好也走出家门，在外面寻找活干以作生活的补贴。在以后的近十年时间里，薛正香和杜天德先后添了一男三女四个孩子。到 1946 年，随着儿女的相继出生，以挑担为生的杜天德也因日夜的艰辛奔波，使本来就有伤的一双眼睛因劳碌过度而病情加重。那年 10 月，杜天德的一双眼睛终于恶化而又因无钱医治致瞎。一时间家中的顶梁柱倒下了，薛正香欲哭无泪，但为了生存，她只好接过丈夫的货郎担，成为方圆几十里唯一的一个女货郎。货郎的日子是艰辛的，一个女货郎的日子则更加艰辛。有好几次在乡下，薛正香被好多坏人围攻，抢了货物后还遭到毒打侮辱。但回家后，她仍然强作笑脸，给儿女们和丈夫做饭洗衣。由于高强度的劳作，本来就瘦弱的薛正香不久便落下了腿疼腰痛的疾病，一旦病发作起来，薛正香就疼得掉泪。但为了生存，她常常是白天卖货，夜晚干家务，伺候丈夫。为此，杜天德虽然看不见，但却疼在心里，好几次，他都劝薛正香找个伴

儿，领着孩子们去过日子，不要管他。但每次薛正香都说："我们是生死患难的夫妻，你曾经救了我的命，给了我重新生活的勇气。如今，你有难了，我怎么能忍心抛下你不管。你放心，只要有我吃的，就有你和孩子们吃的，我不相信一个大活人会养活不了几个孩子。"

话虽这样说，但现实的艰难却依然不给薛正香一点生路。期间，薛正香的一个年满5岁的女儿因患病无钱医治而过早地离开了人世，这种打击对于杜天德和薛正香来说是致命的。正所谓"福无双至，祸不单行"，还没摆脱丧女的伤痛，薛正香又在1947年1月份因劳累过度昏倒在家中，一连好几个月无法起身，一家人的生活因此又陷入了困境。无奈杜天德只好让年仅6岁的大女儿牵着他的手，到附近村镇讨饭糊口。

一次，杜天德和女儿讨饭到古浪县的一个村庄时，突然被村头窜出的几条恶犬包围，女儿年纪小，当即被吓懵了。而杜天德看不见，只好胡乱挥动手中的棍子抵挡，但终归漫无目标，加之恶犬又多，杜天德和他的女儿便被恶犬扑倒，浑身上下被咬得鲜血淋淋。在这危急之中，流落在古浪十八里堡的张幸福正好护路经过，慌忙上前将恶犬挡开，并问明杜天德所住的地点，将他们搀扶送回家中。

到家后，张幸福被眼前的一幕惊呆了：一家5口人就挤在一间破旧的草房里；一个土炕上躺着几个饥饿的孩子和病重的薛正香，而旁边冰冷的土灶上，一个破旧的铁锅里放着几个破碗，显然是好久没有开灶了。瘦弱的小孩们一个个睁着饥饿的眼睛，无神地望着张幸福和被恶犬咬伤的父亲和姐姐，一副无助的样子。张幸福的眼睛湿润了。

张幸福

在经过一个晚上的彻夜长谈后，三位流落在民间的红军战士终于互相了解了身份，共同的命运和遭遇使三个人的心贴得更近了。自此以后，张幸福每隔三天五天便来到杜天德家，送些粮食和现钞。尽管张幸福在护路队也是收入微薄，但他还是拿出了自己全部的积蓄，用来周济杜天德一家的生活。

薛正香

在张幸福的照顾下，杜家寒迫的生活又有了起色，薛正香也在大病3个月后走下病床，开始料理家务。

当年11月的一天，杜天德让妻子准备了晚饭招待张幸福，他还特意喝了一点烧酒。吃饭间，杜天德对张幸福说："张老弟，我有一事相托，请你千万不要推拖。我的病情已很重，恐怕不久于人世，这辈子我死而无憾，唯一放心不下的就是这娘儿几个，请你趁我在人世时，与正香结为夫妻，共同照顾好我这苦命的孩子，让我在九泉之下得以瞑目。"

张幸福闻言极力推拖："杜老哥，这万万使不得，这成什么体统，我们是战友，俗语道：'朋友妻不可欺。'我岂能这么干！"

杜天德闻言便摸索着跳下炕说："张老弟，如你不答应我就碰死在你身边。"话说完后便向墙上撞去，张幸福赶忙上前拉住，随后，三位流落红军抱在一起大哭。

当年12月，张幸福和薛正香结合在了一起，此后的几年时间里，薛正香往来在十八里堡和八里营之间，照顾着自己的两个战友和亲人，并和张幸福又生下两儿两女。

1956年，杜天德因病过世，张幸福将杜天德安葬后，将四个儿女带到十八里堡抚养，直到各自长大成人。

2002年12月13日，我慕名前往古浪县十八里堡采访红军夫妻张幸福和薛正香时，正逢薛正香大腿摔伤卧病在床。年已91岁的张幸福仍像个健壮的青年一样，在病床前照顾自己的妻子，时而端水让妻子洗脸，时而又为妻子端尿。尽管他天天忙得像个风车似的，但仍然乐呵呵地对我说："几十年的老夫妻，这算啥，只要老伴的病好，在现在的好社

张幸福和薛正香为部队官兵讲革命传统

会里多活几年就是我们的幸福。”

在采访中，我问张幸福目前还有什么要求，张幸福表情严肃地对我说：“还有什么要求，党和政府给予了我这么多的照顾，我们已经很知足了，比起那些在战争年代过早牺牲的战友，我们能够活着就是幸福！”

（陈伟东）

她挣扎着，费了很大力气才推开压在身上的尸体和浸透着鲜血的泥土爬出了坑。

马玉莲——无法掩埋的记忆

1995年9月，中央电视台军事部千里迢迢来到祁连山脚下的梨园口，要在这里拍摄纪念红军长征胜利60周年的大型电视纪录片《再说长征》。在拍摄现场有12位两鬓染霜的红军老妈妈要为死难的将士鸣枪致哀，那位因一只手伤残而单手鸣枪的老妈妈就是当年的红西路军妇女独立团连指导员马玉莲。

从电影《祁连山的回声》中，从《西路军女战士蒙难记》中，从《碧血雄风·红军西路军60周年祭》等电影和书籍中，从老人子女的怀念中去寻觅马玉莲的人生足迹，80春秋充满了传奇与戏剧色彩......

1958年马玉莲(二排右一)在张掖县流落红军座谈会上

马玉莲，女，1916年生于四川省南江县甘柴坝一个贫穷的家庭，她兄弟姐妹四人，有两个哥哥和一个姐姐。马玉莲四五岁时就随哥哥上山放牛，捡柴割草。7岁时父亲病故，15岁又失去了母亲。在童年的记忆里，她最向往的就是能吃一顿饱饭，能穿上一件新衣。双亲死后，家境更加困难不堪。严酷的社会现实，辛酸的家庭遭遇，使马玉莲少女时期就痛恨黑暗的剥削制度。1932 年，红军挺进川北，在广大群众的支援下，解放了南江县。红军宣讲共产党的方针政策，发动群众打土豪、分田地，很快提高了广大群众的阶级觉悟，轰轰烈烈的群众斗争把千里巴山闹得火红。随着红军的宣传发动，村子里有十几个人在欢快的锣鼓声中报名参加红军，15 岁的马玉莲也萌发了走上革命道路的思想，她决定参加红军。

1964 年马玉莲(后排左三)在流落红军座谈会上

马玉莲参加中国工农红军后，在红四方面军第三十一军列宁工厂(缝纫厂)当战士，经过一段时间的学习和教育，她学会了打枪、制作军衣、打草鞋和在悬崖峭壁上攀援，也学会了在长征途中挖野菜、在战火中包扎伤员，还学会了写字。她在枪林弹雨中流过血，在战场上掩埋过红军姐妹的尸体，在追赶队伍的途中搀扶过负伤的战友，在坚守阵地的激战中高擎过弹痕累累的战旗。1933 年 10 月，她被调到供给部被服厂，红军缴获了军阀刘存厚在达县经营多年的被服厂、兵工厂，很快将机器安装起来，加紧进行生产，以供应军需和民用。这时，红四方面军迅速发展壮大。为了使新扩编的战士尽快穿上整齐的军衣，马玉莲她们加班加点，有时一天就可生产上千套成衣。她们制作的大量衣服、鞋、袜、帽，一批批运往前方，也使红军在渡嘉陵江之前都穿上了像样的衣服。经过几年的锻炼，马玉莲当上了班

她挣扎着，费了很大力气才推开压在身上的尸体和浸透着鲜血的泥土爬出了坑。

长，并加入了中国共产党。

1935年1月，红四方面军准备向嘉陵江以西发展，策应中央红军北上。被服厂的战士们转战于旺苍坝至永宁铺一带，抬伤员、运弹药，任务十分繁重。那时候通南巴没有公路，运东西全靠肩挑背扛。她们有时为赶时间连夜出发，摸黑行进在漆黑的山路中，扛的扛，背的背，每次脚上都会打上水泡，有时还会遭到敌军的袭击。1935年3月，红四方面军撤离川陕革命根据地，马玉莲随军开始长征。在过草地时，她被编到了文工团。

1935年6月，各路红军到达毛儿盖一带。这时，张国焘不顾党中央的决定，迫使红四方面军停止北上复经草地南下。红四方面军一路与敌浴血奋战，伤亡惨重。不得不再次向甘北转移，两爬雪山，三过草地，历尽艰难，过岷州，占漳县，克渭源和通渭。终于于1936年10月到达甘肃会宁，与红一、二方面军胜利会师。

悲壮西征

会宁会师后，经过短暂休整，又开始为“建立河西根据地，打通国际路线”渡河西征。

西渡黄河后，马玉莲被调到妇女抗日先锋团二营一连当指导员兼政治干事，参加了一条山战斗、古浪土门镇战斗和永昌战斗。

11月的西北已是天寒地冻了，妇女先锋团二营在古浪土门与马敌骑兵展开激烈的战斗。马玉莲指挥一连的战士经过三个昼夜的浴血奋战，一连战士死伤惨重，仅剩的几个人冲出了敌人的重围，突围出城。进入山丹后，马玉莲她们立即发动群众，建立地方苏维埃政权，帮助群众组织起“抗日义勇军”等，在山丹驻扎了近40天。

山丹战斗后，为缩小目标，总部命令妇女团打乱建制，分散到各军行动。1937年1月，马玉莲随总供给部绕过张掖进驻临泽。不久，红五军在高台失败后，马匪更加猖狂了，随后包围了临泽。妇女先锋团的女战士全部到守城第一线参战，白天不断地击退敌人的进攻，晚上又忙着加固城墙。与敌军血战数日，400 多名女战士喋血临泽，壮死他乡。最后只得突围出临泽，收缩到倪家营子一带。

1973 年马玉莲(左)与红军姐妹李秀英

撤到倪家营子，妇女先锋团只剩下 400 多人。妇女团的战士担负起守围子、抬伤员、筑工事、运弹药、挖冰块、找粮觅食的繁重工作，她们尽其所能，昼夜不停。她们砍伐了周围的树木，加筑寨墙与敌军血战，马匪先用大炮轰击，将寨墙轰塌，房屋焚毁，继而像狼群一样冲锋，她们只得突围离开倪家营子。

1937 年 3 月，西路军兵败祁连山中，总部命令把不能用的枪支砸掉，其余的枪弹收回，不能落在敌人手里。总供给部给她们发了白银和大烟土，给连排以上干部发了一两颗手榴弹，以备发生意外时急用。马玉莲回到连里，按上级指示，召开全连会议。这时连排干部就剩马玉莲一个，还有两个班长和二三十个战士，其余都牺牲了。马玉莲把白银和大烟土分发给每个人，动员大家不要因暂时失败而灰心，要坚持和敌人斗争下去。部队撤离时，妇女先锋团及伤员集中了全部弹药阻击敌人，以掩护先头部队撤出。

连续的血战，子弹打光了，她们就拿石头砸。最后妇女先锋团二百多名女战士流着泪剪去长发，女扮男装自行解散。从此，妇女先锋团的番号不复存在，但她们的斗争仍在继续。

在与敌人激战中，马玉莲被敌人砍伤了肩膀和手臂，子弹穿透了大腿，最后她和五十多名女战士被数千名敌人重重围困在一座山头上，冲

上来的马家军狂呼："冲上去，一人赏一个小老婆！"面对凶残的敌人，大家拼的拼，跑的跑，漫山遍野都是红军。

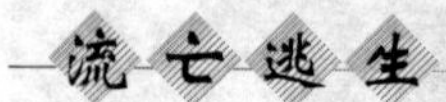

流亡逃生

她挣扎着，费了很大力气才推开压在身上的尸体和浸透着鲜血的泥土爬出了坑。

马玉莲和战友年明秀、郑兰英、杨秀英，跑到一个煤窑里躲起来。祁连山的气温低达零下三十多度，马玉莲身上仅穿着破烂不堪的单衣，光脚穿着草鞋，受伤的手和一双脚早就被严寒的天气冻得红肿化脓了，而且两天两夜没有吃一口东西了，还发着高烧。人就像散了架一样没有一点力气，每走一步都很艰难。她和杨秀英相互搀扶着走了十几里地后，在寒冷、饥饿、伤痛的折磨下，伤势很重的杨秀英牺牲了，她被马敌搜山时抓住。她与被抓的近两百名红军，一路上遭马匪拳打脚踢，被带到张掖关押在南关一个回民店里，先是搜身，后又遭受拷打和凌辱。

第二天夜里，马匪把马玉莲等一百多名红军战士押到张掖城东门外东教场活埋。夜很黑，她们面前是一人多深的大坑，刽子手用马刀一个个砍头，把刀都砍卷刃了。马玉莲个子不高，站在人群里不显眼，她只觉得后背被人推了一把，头上被砍了一刀，就不省人事了。后半夜，她渐渐苏醒了过来，一摸脑袋还在，把手捂在嘴上呵了一口气，觉得自己还没有死。她挣扎着，费了很大力气才推开压在身上的尸体和浸透着鲜血的泥土爬出了坑。和她一起爬出来的还有两名女红军和四名男红军，他们分两路讨饭北走。

逃脱后，她拖着满是伤痕的身体，在张掖甘浚堡、平原堡、红沙窝、东山寺、玉水泉和石井子等地沿路讨饭。讨饭到了张掖大、小湾一带时，遇到一位给地主家做饭的妇女，告诉她民团还在抓人，叫马玉莲躲在自家地窖里，等搜查的走后，才让她出来。马玉莲又逃到北大山里，在人宗庙附近，被马匪的骑兵发现，由于腿部有伤，行走不便，又被抓住。她被关在一间土房子里，天亮后敌人准备把她押给马敌旅长韩起功请赏。夜里，她乘哨兵打瞌睡之机，悄悄挣脱了捆在身上的绳子，又从虎口中逃了出来。马玉莲躲进山下的一个古烽火台里躺了两天两夜，靠吃草顽强地支撑着奄奄一息的生命。

转眼几个月过去了，夏日的一个中午，戈壁滩的气温很高，她头上和手上的伤口全都化脓了，上面爬满了黑麻麻的苍蝇，她连摆手驱赶一下苍蝇的力气都没有了。后来，她被一个放羊的老乡悄悄背回家里，又奇迹般地活了过来。

救马玉莲的是一个叫张喇成的老百姓。张喇成把马玉莲当成女儿看待，并多次迁居，躲过了马匪的搜捕。以后，马玉莲又被北山两位放羊的人救助。在那些日子里，她经过千难万险，历尽困苦劫难，但几年的战火生涯，长时间的艰辛生活磨炼了她的意志。在与部队失散的日子里，她尽管非常想念自己的战友，想再次回到部队，但是，希望却成了幻想，后来，她还是定居到了张掖。

落户张掖

邢桐年是张掖碱滩乡人，常年在平山湖给地主郭全兆放羊。他见马

1958年张掖县组织学生在东门外挖捡红军遗骨

她挣扎着，费了很大力气才推开压在身上的尸体和浸透着鲜血的泥土爬出了坑。

玉莲满身伤痕，衣服褴褛，知道她小小年纪就是身经百战的红军女战士，心里很佩服，经常采药给她治病，给她米汤喝，烧了土豆让她吃，还把一件羊皮背心脱给她。时间不长，马玉莲身体状况就有所好转，她要下山去找失散的姐妹，想返回部队。邢桐年极力劝阻："四周的路都有马匪，你是外地口音，身上又有伤，腿又肿得走不动路，还是留下来吧，往后会有出头的日子。"她也只好留下来，每天靠拾发菜、拔野葱、挖大黄维持生活。大雪封山的时候，他们就用石磨把骆驼草磨碎，熬草糊糊喝，就这样顽强地活了下来。后来，她看到邢桐年出身贫苦，心眼实，人也能干，在其他牧民的撮合下，就和这位牧羊青年结了婚。结婚那天，她放声大哭了一夜，接着又大病了一场。因为她知道结了婚，生儿育女过日子，就意味着断了返回部队、回到党的怀抱的念头，把生命的根扎在当地，她怎么会甘心就这样离开红军队伍呢?

马玉莲与邢桐年结婚后第二年，生下了大儿子邢满山，她头上的枪伤引起了民团的怀疑，又被抓走了，邢桐年四处说情，用钱把马玉莲保了出来，从此他们只好藏身在大山深处。儿子一岁多的时候，远在碱滩家中的婆婆想见见从未见过面的儿媳和孙子。一天夜里，马玉莲和丈夫抱着孩子悄悄回到了碱滩的婆婆家，刚住了三天，马敌就前来抓人，马玉莲的婆婆用身体和木杠死死顶住大门，让儿子和媳妇带着孙子从后门逃跑。马匪进门后，没找到马玉莲，便恼羞成怒，用乱棒把马玉莲的婆婆活活打死了。在那战乱的日子里，她有时藏在地窖里，有时藏在蒙古包里，艰难度日，就这样，她在山里苦熬了13年才盼到解放。

解放重生

张掖解放后，马玉莲回到碱滩当农民，先后担任过乡妇联主任，乡人民代表。她像任何一位普普通通的农村妇女一样生儿育女，操持家务，下地干活，风里来，雨里去，经历了生活的坎坷和磨难，她和邢桐年养育着四个儿子、三个女儿。1974年，邢桐年去世。

解放后有了走动的自由，她和流落到张掖农村的老战友李秀珍建立了联系，得知她还没有孩子，便将三子过继给老战友为子，共同走过坎坷的后半生。

1972年，马玉莲带着她的二女儿邢兰兰返回四川老家去寻找自己的亲人。由于年代久远，通过地方民政部门找了四天才找到自己的老家，家乡已没有什么亲人了，当游击队长的两个哥哥也在1937年的战斗中牺牲了，只留下几座坟墓。后来，她找到了年已花甲的姐姐，才稍微安慰了一下寻根的老人。

解放以后，她不断地被张掖、高台、临泽、山丹等地的驻军部队、厂矿企业、学校、农场等单位请去作报告，讲述红西路军血战河西走廊的经历。她那一次次、一回回饱含着泪水的回忆，影响着一代又一代的青年、学生。

为了纪念和缅怀为创建川陕革命根据地而浴血奋战的红四方面军将士，四川省巴中市于2000年创建了川陕苏区将帅碑林，八万多名红军将士的英名镌刻在纪念碑上，马玉莲的名字也镶嵌其中。

世纪之逢

1995年9月，中央电视台等新闻单位拍摄《再说长征》，通过有关部门把分散在江西、辽宁、四川、青海、甘肃等地的红西路军妇女抗日先锋团仅存的12名女战士召唤在了一起。于是，历史再一次拥抱了她们。她们在生离死别长达半个多世纪后，又像做梦一样在当年的战场遗址上实现了一次动人心魄的世纪之逢。

马玉莲与王泉媛(中)在自己家中

马玉莲永远不会忘记1995年9月19日这一天，王泉媛、何富祥、陈素娥、张秀

她挣扎着，费了很大力气才推开压在身上的尸体和浸透着鲜血的泥土爬出了坑。

英、李玉兰、李文英、董桂芳等红西路军女战士一起来到她的家里，见到昔日一起长征、同生死、共患难的战友，她们紧紧地拥抱并痛痛快快地哭了一场。五十多年了，她们已由当年风华正茂、英姿飒爽的红军战士变成了白发苍苍的老人。但她们彼此还认得，甚至还能准确地叫出对方的名字，还能清楚地记得谁的腿上或头上负过伤。

王泉媛是她们的团长，马玉莲扑在王泉媛的肩头，像女儿扑在亲人怀里，哭着说：“团长，你可回来了，我想你都想老了，我以为这辈子再也见不到你了，我这一辈子有今天，死了也不悔呀！”

在短短的三天相逢中，马玉莲和当年的红军姐妹们重访了梨园口战场遗址，怀着深深的哀思，向高台、临泽西路军烈士陵园敬献了花圈。她们缓缓而行，款款而思，凝望银光闪烁的祁连雪峰，注目热血浸染的千里河西，多少悲歌在胸中，多少往事在心头。

1995 年 9 月 20 日，她们 12 名西路军女战士去了梨园口，一走到“西路军梨园口战场遗址”的碑前，女战士们齐刷刷地跪倒在地，撕心裂肺地号啕大哭。1937 年 3 月，她们在这里与数十倍的敌人展开激战，多少战友壮烈牺牲，她们在怀念战友的哀思中，朝天鸣枪，告慰牺牲战友的在天之灵。

战友离别的那一天，大家似乎都意识到这一次来之不易的长达 58 年后的重逢也许是生前最后的一次相聚了，马玉莲一个一个地为战友送行，一次又一次地与战友相拥而泣。

1997 年，马玉莲因病住进了医院，张掖市民政部门为她安排了较好的高干病房，一些红西路军老战友不断到她的病房来探视安慰她，她躺在病床上，从电视中欣慰地看到了香港回到祖国的怀抱。她还想去北京瞻仰毛主席遗容，看一下首都的建设，但因病魔缠身，终未能成行。1997 年 7 月 30 日，她带着这个终身的遗憾离开了人世，时年 81 岁。

（邢　泽）

叭！一枪过来，那个娃娃扑到我身上，子弹从那个娃娃的脑袋穿过，又从我的左肩穿过。

岳仲连——飘落的种子

最初知道岳仲连，还是在 2006 年 3 月我们组织纪念红西路军西征 70 周年的征文活动中，收到了来自玉门供销社干部彭明采写的叙述岳仲连悲壮人生的稿件。文中写到当年西路军从倪家营撤离时将二百多名伤病员安置在几间大屋里，红军离开后全被马匪杀害，岳仲连是唯

1958 年 8 月 30 日，流落高台的红军战士合影

一的幸存者，从死人堆里爬出后，辗转流走，现在玉门镇安度晚年。

我看了文章后很有兴趣，老人真的还健在？带着疑问，我当即拨通了彭明留在文尾的电话，得到的答复非常肯定，活着！且老人身体很健朗。我很兴奋，遂将彭明文中岳仲连被安置、屠杀、被救过程的一段文字摘取，定名“我是唯一的幸存者”送《张掖日报》选登。

不久，中央电视台新闻中心军事部《长征——不朽的魂》摄制组来张掖采访，我把岳仲连的故事告诉了摄制组并提供了彭明的联系电话。摄制组在玉门镇找到了岳仲连，后编导打来电话说采访非常成功，并建议我去采访，因为老人说他有“解不开的张掖情结”。

2006年7月11日，我专程去玉门采访了岳仲连。

岳仲连，男，四川南江县神潭溪（现高桥乡）人，1918年生于一个乡村医生家里，他父亲叫岳光家，母亲没有名字，姓雷。他说小时候听老人讲过：巴代王把南江本土的人全杀了，南江没人了，就从河南移民，南江那里移来的都是河南汤阴人，汤阴是岳飞的家乡，因此他们也就是岳飞的后裔。他们祖上立的排辈是：“思秀怀崇然，光华映大川，富国昭宋时，明巨德先贤。”父亲是“光”字辈，他是“华”字辈，他本名叫岳易华，号仲连，他哥叫岳昪华，都有个“日”字头。父辈们遵循“赐子千金，不如赐子好名”的古训，因此，给孩子取了个很有讲究的名字。

岳仲连的父亲是当地很有名的中医，方圆几百里的人都找他看病，很受人尊敬，家境也不错。岳仲连的母亲也是四川人，当地雷氏之女，嫁到岳家叫岳雷氏。

岳光家和妻子岳雷氏共生过五个孩子，两个女孩都夭折了，三个儿子中岳仲连排行老二。因他从小调皮捣蛋，惹事生非，父亲看他不是学医的料，便把传承家艺的重任交给了老实本分的大儿子岳昪华。而岳仲连6岁时被送进私塾，跟先生学“人之初、性本善”，读了6年“四书五经”。

1933年2月岳仲连14岁时，红军到了南江，他母亲的一个叔老子

叭！一枪过来，那个娃娃扑到我身上，子弹从那个娃娃的脑袋穿过，又从我的左肩穿过。

雷尧成当了神潭溪的苏维埃政府主席，他就参加了儿童团，拿红缨枪在各路口站岗放哨，在路口搭起的临时草棚前检查过往行人。

70 年后老人回忆往事，仍然对红军带着毕生的深情："我小的时候，家乡 80%的人都抽大烟，男人不起床，女人却下地干活。我父亲也抽大烟，但是他是医生呀，他抽得起。我记得我有个三妈，半夜里就起来去挑粪种地，可苦了。田颂尧(四川军阀)的部队在那里，都说他有两杆枪，背上背着一支枪，还有一支烟枪。所以四川遍地种大烟，人们深受烟毒之害，有的没钱买烟，竟将儿子卖了，女人仅有的一条裤子也会被丈夫拿去换烟吸。"

那时，"田颂尧苛捐杂税名目繁多，光鸦片捐就重得压死人，种烟者交烟捐，不种烟者交'懒民捐'，不吸烟者交'禁烟捐'，不少人因缴不起捐税，典当土地，逃亡到陕甘一带。红军入川，石破天惊，戒烟铲税，使这里的人民纷纷走进红军队伍"。

回忆起当年那激情燃烧的岁月，年近九旬的老人绽放出一脸的灿烂："我参军时，母亲连夜给我赶制了一件布袍，她想让自己的儿子体面一些。一次，上面让我们儿童团到巴中开会，我们不知道开什么会，我穿着新布袍就去了，在巴中编入红军队伍，正式成为红军。我在红四方面军第三十军第八十八师第二六三团第三营第九连当战士，我的指导员是周纯麟。我记不清那是几月，但我记得大烟苗已经这么高了(说着抬手比了一下)。我去的时候穿的新布袍，参军后发了红军的蓝布袄，要我把袍子扔掉，我舍不得，那么好的个袍袍子哩，我就偷偷地塞到大烟苗底下了。"

岳仲连参军时因为有个叔伯舅舅也参军了，母亲说去吧，有舅舅照顾哩。说是舅舅，其实就是母亲娘家的一个隔房堂弟，岂不知到部队几年都没舅舅的讯息，只在过草地时匆匆见过一面，后来就再无音讯了。

参军后，岳仲连行装简单，身上只背个自制的马尾手榴弹和一把小铁锨。因为年龄小,红军打仗时不让他们参战,给他们十几个孩子找个隐蔽的地方藏着,如果仗打胜了就叫他们捡东西,如果退了,就叫他们一起撤。部队让他们干啥就干啥,走路每天要走八九十里路。小孩子走那么多路,跌倒就睡着了。老战士对他们很亲热,烧了烫水给他们烫脚活血,否则第二天就没法走。

自 1933 年 2 月初,川陕省苏维埃地方武装赤卫军、游击队、少年先锋队、童子军、各县独立团、独立营、独立师纷纷建立,仅通、南、巴就有 8 万儿女参加了红军。解放的红旗到处飘,红星到处闪,使四川军阀惶惶不可终日,于是以 38 个团的兵力,开始对革命根据地发起“三路围攻”。敌众我寡,红军采取收紧阵地积极防御战略,几个月内大获全胜,根据地扩大了一倍以上。两个月后,疯狂的敌人又发起了“六路围攻”,30 万兵力分六路向根据地围攻,持续 10 个月之后敌人又一次失败。蒋介石和四川军阀又部署了对川陕苏区的新围攻“川陕会剿”,红军根据“依托老区,发展新区”的“川陕甘计划”,于 1935 年 3 月强渡嘉陵江,向川西发展。

岳仲连

岳仲连回忆:“渡嘉陵江时我们没有锅做饭,老百姓以为是国民党军队过来了,就把自家的锅都藏到水里。他们说锅在水里,让我们去捞,我们

从水里去捞锅做饭吃。”

他说：“到了懋功，听说中央红军来了，我们很高兴，天下红军是一家嘛，心想两只拳头加起来力量就大了。可是红一、四方面军会师时，闹得乌烟瘴气，毛泽东让张国焘打松潘，张国焘不愿意，把我们带着南下。”

叭！一枪过来，那个娃娃扑到我身上，子弹从那个娃娃的脑袋穿过，又从我的左肩穿过。

进毛儿盖时的那次很险，当时天下连阴雨，路上泥泞难行，敌人的子弹乱飞，岳仲连身上的斗笠被打了个洞，幸好没伤着人。

他说：“在包座打胡宗南的部队，毛泽东说我们一个连都没个轻机枪，人家一个班就一挺轻机枪，怎么打？张国焘就让我们去打。那时我已调到红二六八团，我跟着政委当公务战士，传达命令。那时胡宗南的部队装备精良，着装气派，伙食又好，这些让我们眼热。我们就埋伏在森林里，他们过来时我们打。我记得很清楚，红二六八团第八连的一个排长，一只胳膊已经带伤了，我们抬担架去救他，他不走，他给我们说，你们都是娃娃，我走了你们咋办？他一个胳膊还好着哩，结果又飞来一颗子弹打到要命处，他死了。

“包座战斗胜利后的庆功会上，张国焘讲话，把毛泽东请过来看一看，红军在老百姓的青稞地里集合起来，张国焘站在高处讲‘我们现在要人有人，要枪有枪……’那时子弹武器用牦牛驮，都是从国民党那里缴获的。讲完后，张国焘问毛泽东有啥讲的，毛泽东摆了两下手，什么也没说。那事让张国焘很恼火，扬言要武力解决中央。那时，我们部队去追中央红军，追上了但是没打起来，徐向前不让打。他说：‘哪有红军打红军的，国民党知道了牙都笑掉！’毛泽东北上了，张国焘带我们南下。”

部队西行数日，先到达阿坝一带。1935 年 9 月，岳仲连又跟随部队离开阿坝草原开始南下，进入丹巴，准备从丹巴走过铁索桥，“打到天全芦山吃大米去”。

在丹巴，为了训练红军战士与少数民族群众和睦相处，部队挑选通南巴的战士设立了藏语训练班，学藏语，做翻译，向藏民传达红军的纲领和政策，岳仲连也是藏语训练班的学员。

南下计划没有收获。1936 年春，红四方面军从四川天全县撤退，再一次攀登夹金山，爬过大渡河的丹巴铁索桥。集结在大金川沿岸几个集镇的高原丘陵地带。此时粮食已经非常少了，这引起了藏人的强烈反感。藏族头人为了保护他们的粮食，聚众与红军对抗，迫使红军一个地方才住了几天，就只得迁到另一个地方。1936 年 4 月，4 万名红军来到了高原地区的道孚、炉霍、甘孜。这里的喇嘛势力强大，而且藏汉之间的关系十分恶劣，他们不了解红军，他们认为红军是掠夺粮食的可恶汉族。藏民们只认语言不认人，岳仲连他们在藏语训练班学的藏语派了用场，见了藏人双手合拢举到额前说几句藏语，藏民听懂了就把酥油炒面给红军吃。

部队在岷县整编时，岳仲连调到警卫排二班当班长，参加了攻打二郎山的战斗。二郎山战斗后，红军兵分两路，一路去了洮州，岳仲连随另一路向漳县进发。

会宁会师后的第二天，他随部队从北湾过了黄河。

一条山大捷后，缴获了许多战马，西路军组建骑兵师，岳仲连随警卫排的一个班都调到了骑兵师。

河西走廊正是冰雪覆盖的季节，隆冬的风撕扯着红军的单衣，敌人与严寒一起威胁着红军指战员，情形要比在川西艰辛许多。红军虽在永昌、山丹都建了苏维埃政权，但犹如昙花一现，敌对地方势力实在强大，革命的火种很快就被熄灭，革命力量的社会基础被大幅削弱。红军战士找不到立足的根据地，指战员们犹如陷入黑夜里恐怖的深潭，面临山穷水尽、插翅难飞的困境。有人抗争，有人放弃，有人逃跑，有人叛变……

1936 年 12 月底，为了摆脱与强敌的纠杀，部队撤离了武威、永昌、山丹，进入临高地面。岳仲连所在的骑兵师驻扎在高台东门外的城隍

叭！一枪过来，那个娃娃扑到我身上，子弹从那个娃娃的脑袋穿过，又从我的左肩穿过。

庙里。高台危急时，总部急派骑兵师增援，结果中途与敌遭遇，如潮水般涌来的敌兵从四面包围了骑兵师。短短一天之间，使得骑兵师既无法等到援兵，也不可能摆脱敌人的围攻，局势已危如累卵。

岳仲连回忆："我们黑夜骑马到了抚彝不远的一个屯子里跟马匪队伍打开了，天不亮就打开了，撑到天快黑了，战士们没子弹了，大家说打吗？有人说还有三颗子弹，三颗子弹不打敌人留下打自己哩！我们退到一个庄子里时，庄子已进不去人，在那里一颗子弹从我的右大腿打进去从尻子后头穿出……我们已经没子弹了，马匪兵扑上来，他们体壮，我们拼也是闲的，我们的师长、政委都是自己开枪打死自己！"

骑兵师就这样消失了。

红二六八团来救援，团长是岳仲连原来的朋友，见岳仲连带伤了，他哭了，把岳仲连驮到了自己的马上，他拉着马走，岳仲连的大腿在淌血。他看岳仲连伤势重，把他带不走，就让人用担架把他抬到了红军总医院的驻地——贾家屯庄。

贾家屯庄是地主的庄院，庄墙很高，房子也不错，听说红军来了，地主们早扔下家当走人了，丢下的麦子来不及推碾，饿急的伤病员抓了就吃。

解放后的岳仲连

在贾家屯庄几间相通的大屋里，住满了红军的伤病员，岳仲连在北面的屋里，北屋里的一个红军娃娃来到岳仲连身边照顾他。地上都铺着草，中间架着火，伤病员坐的、躺的，痛苦地呻吟。第二天，敌人的骑兵猛冲过来，一看全是伤病员，说："能走的带走，不能走的一刮打掉。""马匪问我能走吗，我说不能走，'叭'一枪过来，那个娃娃扑到我身上，子弹从那个娃娃的脑袋穿过，又从我的左肩穿过。你说那么小的娃娃呀！他当时就死了，要不是他当时扑到我身上我早死了。这么多年来，我每年都给这个娃娃烧纸。敌人见我没死，又上来在我脖子上、头上连砍三刀。奇怪，身上不疼不痒，而且好受得很，大概人死的时候就是那样，好受得很，我马上就晕了过去。马匪军去抢死人的东西，把东西拉过来拉过去，把地上的麦草引着了。第二天我又活过来了，战士的遗体遍地都是，有的被烧得面目全非，地上墙上全是凝固的血迹。当时还有一个活的，下颌被打掉了，脸上、身上全是血，他看我还活着，爬到我跟前，样子十分吓人，那个人后来肯定是死了。"

那次惨绝人寰的大屠杀，岳仲连是唯一的幸存者，他在那个冰封雪覆的世界里趴了两天。第三天，老乡弄的牛车把那么多死去的战士拉到西面的沙窝里埋了。"一个老乡说不管我了，有个老乡说拉上埋掉，一个老头说人还活着哩，咋埋？先抬到土地庙撂下再说！"于是岳仲连被老乡抬到了一个庙里，后半夜，一个老爹提了一罐子洋芋米汤给岳仲连喂上，三天没进水米的身子开始复苏了，岳仲连会说话了，意识渐渐地清楚起来。他问："老爹爹你姓啥？""我姓贾！"就是那个岳仲连认为一不沾亲二不带故的老爹爹用一罐米汤救了他的命。

第二天，岳仲连在庙里凄苦地呻唤，一个放羊的老爹手里拿着棍子探头向庙里看，以为这个共产娃子早已经死了，看他还活着，老爹把身上的一小袋黄豆给了岳仲连。"我说老爹我渴得很呐，我想喝水得很，他是本地人，他知道哪里有冰，他给我背了几块冰，我吃了几粒黄豆，啃了几口冰。"就那样十几天，黄豆没了，冰也没了，手脚全部冻伤。岳仲连爬出去要饭，从一家爬到另一家，手脚腿都磨破了，一个老爹看他可怜，撂给他一张破羊皮裹在身上。一碗黄米汤，一个煮洋芋，就让岳仲连很满足了。天晴了他找个地方晒太阳，夜里躲在庙里，管庙的人似乎知道神的旨意，奉献出微薄的祭品，使他在荒僻之地侥幸不死，一

叭！一枪过来，那个娃娃扑到我身上，子弹从那个娃娃的脑袋穿过，又从我的左肩穿过。

个多月后，他可以慢慢站起来了。

看见铁匠打铁，岳仲连就凑上去烤火，吃饭了，厚着脸皮跟着人家去吃饭，晚上睡在人家的热炕上，遇到马匪来搜查，主人就把他藏在后院的草中。看瓜的房子、废弃的庄子，都是他的藏身之所，头坝、二坝、三坝、四坝、大湾、小湾、鸭子渠、靖安铺、乌江铺……岳仲连如同被风带到空中的一粒种子，漂泊在茫茫天地之间，不知道落在哪里。

转眼到了7月，岳仲连来到了叫大湾、小湾的地方，没有粮食给他，老百姓把树上的杏子摘给岳仲连当饭吃。他清楚地记得："那里有个哑巴女人，四十来岁，人家哑巴都知道我是红军。"女人把岳仲连叫进屋里，弄了些炒面和晒干的胡萝卜给他装上，比划着告诉他马匪队伍在南边，叫他朝北走，他又到了乌江铺。

这期间，岳仲连想回家，他给家里去过几封信，都如石沉大海。他没有收到一封"抵万金"的家书，回家无望。岳仲连寻找部队心切，但又不知部队去了哪里，他仍像一只靠幻想飞翔的展翅鸟。一天，一个老乡叫他坐牛车跟着去滩上拔蒿子，中午的太阳毒得很，两人睡在车下乘凉，岳仲连说黄河东面还有我们的红一、二方面军，我要去找他们。老乡说，你们的人都让韩起功活埋了，飞机场都埋了不少人，张国焘归了国民党，李先念到了迪化，你们共产党都没有了，都归国民党了。老乡还说这些都是儿子在张掖上学听来的。岳仲连这个"展翅鸟"的翅翼被折断了。

张掖又进入了冰封雪舞的季节，岳仲连来回在黑河沿岸的村庄里讨要着，跟着岁月来回旋转着。

人生无常，命运弄人。1938年春，岳仲连来到平原堡，在一家讨要时，被来姐姐家串亲的马匪兵抓住，"你是老共产吧？"马匪兵一把抓住岳仲连。"我共产不共产与你老百姓有啥关系？"马家兵扒了外套，露出军装："我是马家军！"岳仲连被弄到了保长家里。保长叼着水烟袋在抽烟，眯着小眼咂巴着嘴，烟锅里的火嗤嗤地闪着，吐出一口乌烟，"你这个共产娃，让你们走你们不走，你们害我们！”“共产娃？”岳仲连一听来了气，一拳打上去把保长打了个趔趄，马匪兵解下绑腿捆了岳仲连，把他关进了保长家的草房里。那个匪兵出去了，一会儿，又抓来了一个“共产娃”，不几个钟头又抓了一个女的来。三人被关在保长家的草房里，保长是汉人，同情汉人，给饭吃。一晚上过去，那个男的没绑，他跑了，岳仲连和那个“女共产”被用马车送到了张掖城里。他说：“抓我的那个兵是韩起功五九九团一营三连的兵，到他那里后，当官的要挑几个勤务兵伺候他们，营长看上我了，他让我给他当勤务兵。当了一天，晚上他洗脚，我弄了一盆水放到他面前，他让我给他洗，我说‘日你妈的，我给我老子都没洗过脚哩！’他说这个尕娃不能用，不要了，他又把我弄到伙房去打杂拉风匣。一次打水去了，伙夫让我打，我不打，他骂我：‘你这个共产娃不听我的话你就吃亏！’我一气之下一扁担打破了他的头。这下闯了大祸了，他把我按住打背花，打完了，把我送到被俘红军组成的‘补充团’做苦役，突击宁张公路扁都口一段的工程。”

在“补充团”里，岳仲连既要忍受压断双肩的繁重劳动，又要忍受匪兵鬼哭狼嚎般的叫骂。他夜间睡在泥地或简陋的工棚里，躺在烂草上，盖着破皮袄，浑身馊臭，虱子一捏一撮，蓬头垢面如同野人，只靠少量的青稞面、洋芋和干胡萝卜维生。敌人怕他逃跑，每晚睡觉前把他的衣服扒光收走，第二天上工时才发还。

1938 年 8 月，开始打日本人了，蒋介石要马步芳出壮丁。马步芳就向老百姓榨钱，榨了钱又出不了壮丁，就将补充营的 1500 名红军分批解送兰州国民党第八战区，顶替青海省应征的壮丁。岳仲连回忆：“马步芳把我们送到兰州后交给朱绍良，朱绍良要送我们去河南卫立煌部队，到定西时，送的人问我们，‘你们是青海的壮丁，说话怎么是河南、安徽、四川人的口音？’有人给长官汇报说我们不是壮丁是红军。”

国民党第一九一师师长杨德良想要这批人，他们又从定西开回兰州，将 1500 人改编到了他的一九一师，集训后驻扎在拱星墩一带。此

叭！一枪过来，那个娃娃扑到我身上，子弹从那个娃娃的脑袋穿过，又从我的左肩穿过。

时，国民党第一九一师五七二团与被俘红军成立了十八旅，开赴额济纳去解除日本人设在那里的特务基地，岳仲连在机枪第三营三连当二等兵。有个黄埔学子刘家骥很看重岳仲连，给他升为一等兵，不久又升为上等兵专打机关枪。一年后，刘家骥当七连连长，又把他调去当上士副排级的文书。

部队移驻到庆阳西峰镇的李家祠，距离八路军驻地义马关只有16里地。一天，战友刘积贵告诉岳仲连，好多的红军都跑到了八路军那边，并商量他们一起跑。岳仲连碍于刘家骥给他连升三级对他好的面子没有跑，刘积贵跑过去了。再后来，岳仲连跟着刘家骥从一九一师部的司书、司务长、排长，一直当到了副官。

时间到了1943年秋，虽然日本人在额济纳的特务机关被一举摧毁，但着实引起了当局的不安和警惕。加之当时的敦煌、玉门和肃北地区匪徒横行，抢劫老百姓的牛羊、骆驼、粮食和财物无数，这些匪徒还在沿途要道埋下地雷，以防百姓追击。有些人家是人财两空。为加强河西防务，稳定大后方的安全，一九一师调玉门驻防，岳仲连又随部队到了玉门。

岳仲连

部队移驻玉门后，岳仲连天天排查地雷，追剿土匪，27岁了还孤身一人。1946年，玉门一个年仅15岁的姑娘翟国珍看上了这个国民党副官。翟国珍的父亲是山西人，做买卖到了玉门，就娶妻定居生子。兵荒马乱的年月，像岳仲连这样当国民党副官的夫婿令老两口十分满意，就在那一年，岳仲连和翟国珍结婚了。

婚后，翟国珍接连生了两胎女孩都夭折了。1955年3月，他们有了第一个儿子，取名岳映澄，被夫妻俩视为掌中宝。

岳仲连的老伴翟国珍

1946 年冬天，国民党一九一师师长陈希平调湖北绥靖公署任司令。作为随从副官，岳仲连理应一起走，但岳仲连讨厌内战，加之岳母哭哭啼啼不愿女儿离开，岳仲连心一横，脱离部队，在玉门做了老百姓。

玉门解放后，农会成立了，岳仲连当过国民党的副官，自然少不了“过关”，农会要他交出枪和子弹。后来人们知道他还当过红军，自然也就另眼相看了。

1952 年，岳仲连用三石麦子买了富农的 30 亩地，在玉门东区当了农民。一颗在风雨中漂泊了十几年的种子终于落在了玉门的土地上。

转瞬到了第二年秋季，组织上派岳仲连去旱峡煤矿以管总务的身份秘密搞公安工作，岳仲连一干又是四年。1957 年，反“右倾”开始，岳仲连是张国焘部队的“逃跑主义者”，是“走狗”，人们对他另眼看待，岳仲连忍受不了，又辞职回家，在玉门城里靠给人修补房子干点零活养家糊口。

1960 年，驻在玉门三支队的段政委资助岳仲连，并派自己的勤务兵陪他回了一趟南江县老家，那是几十年来他第一次踏上家乡的土地。在张掖讨要时，他曾给父亲写过信，父亲说也曾给他回过信，但岳仲连居无定所，怎么能收得到呢？那次回去，一件事使岳仲连很受刺激，父亲说家乡有个女的，原来是童养媳，和他一起参加红军的，前年回家时已当了大官，带了四个警卫员，很气派。岳仲连自觉惭愧，一个男子汉大丈夫“无颜见江东父老”，这一惭愧就是 30 年。1962 年，岳仲连又添了个儿子，虽然日子贫苦，但贫中有稳，寂寞中有了幸福。

叭！一枪过来，那个娃娃扑到我身上，子弹从那个娃娃的脑袋穿过，又从我的左肩穿过。

岳仲连在家中接受采访

1966年秋，岳仲连居住的这个偏僻县城顷刻化作了赤烈的海洋，在接踵而至的批斗风暴里，“张国焘逃跑主义的残渣余孽”、“从狗洞子里爬出来的”岳仲连自然成了众矢之的。岳家门外的墙上被刷了一层又一层的大字报，岳仲连被推到了无产阶级的对立面，关进牛棚，接受批判。随时他都会被押进无产阶级专政的会场，要他交代他是“怎么当叛徒离开红军队伍的”，“怎么又跑到国民党军队的”。“红军叛徒”、“国民党的副官”无疑引起人们极大的好奇，岳仲连一遍一遍地讲述他随红军爬雪山、过草地、渡黄河、进河西的经历和劫后余生的那段梦魇的历史；一次又一次地脱去衣服，让人们看身上的刀痕、弹疤。任凭他把唾沫说干，也没能唤起造反派的良知和同情。

“别人都死了，为什么偏偏就你活着？”

“谁能证明？”

岳仲连面对厉声斥问，面对“喷气式”，面对挂牌戴高帽子游街示众，他一遍又一遍地回答：“我的三十军首长李先念、李天焕应该记得我！”“贾家屯庄的百姓应该知道我！”

工作组开始外调，李天焕已经当了第二炮兵政治部的政委，去外调的人没见上，回来后给岳仲连罪加一等：“大叛徒，李天焕是什么人？你怎么能跟李天焕认识？”“死不改悔，顽固透顶！”的口号声一浪高过一浪，批斗一阵紧跟一阵，体罚一次重似一次。见从他嘴里掏不出什么，他们就去家里搜，奢望搜出反动的或什么值钱的东西。找不到有价值的东西他们就把他老伴用的缝纫机和一些药品装在箱子里强令他背到专政队。

专政队设在玉门南的一个农场。专政对象们白天劳动，晚上交代问题，不得与家人相见，岳仲连也只有昏暗的油灯和一本毛主席语录陪伴着他。农场浇水时他就下到冰凉的水里打坝，渴了喝渠里的山水，饿了啃冰冷的包谷面馍馍，三天三夜突击浇水，劳累过度和营养不良，使他得了脱肛病，医治不愈，给后半生带来了极大的痛苦和烦恼。

岳仲连被揪出后，不幸就降到了无辜的孩子身上。儿子岳映澄常遭学校的歧视和学生们的辱骂，渐渐养成了孤僻自怜的复杂性格，孩子们童话的颜色和欢娱的节奏在他身上无影无踪，四周的白眼和内心的压抑使他越来越自闭。不久，学校不准"黑五类"子女岳映澄上学了，内向胆小、敏感好强的孩子忧心如焚，抑郁愁苦。岳仲连多方求情，1968 年，岳映澄才被允许重新入校读初中。在师生眼里，岳映澄就是一个"黑五类"子女，一个"狗崽子"，被打入另册，学农基地的繁重劳动自然由他们承担。一天中午，岳仲连去不远的学校农场看孩子，别的学生都在睡觉，唯有自己的孩子岳映澄顶着烈日拔蒿子，满头大汗，老师要他"以劳动改造灵魂"，拔不够数量还要打他。

岳仲连无钱医治孩子的病，更无力挽救孩子的生命，生活和精神的双重压力已经将他的承受力推到了极限。他劳动时背个布袋袋，见了曲曲菜挖上，见了柏刺籽捋上，背回来给娃娃吃。在非正常的环境中，岳映澄心灵、身体受到摧残，得了脑膜炎，不久，这个年仅 16 岁的生命，花一样的少年在"文革"的巨手中被揉碎了。

老年丧子，白发人送黑发人，身体上的折磨，精神上的打击，岳仲连如坠万丈深渊。他将一根绳子搭在了树上，他要上吊，他想"死了一了百了"。是难友魏生荣又搭救了他一次命。他回想着川陕革命根据地的激情岁月，万里长征时的难苦岁月，血战河西的悲壮岁月，讨荒流浪

叭！一枪过来，那个娃娃扑到我身上，子弹从那个娃娃的脑袋穿过，又从我的左肩穿过。

的蹉跎岁月。他想他没有死在战场上，没有死在敌人的屠刀下，也绝不能死在自己的同志手里。他要活下来，他不能让老婆孩子替他背“黑锅”，因此，老伴翟国珍买的五分钱一包的“经济”牌香烟陪伴他驱逐着忧愁和烦闷。

1970 年，给垂暮之年的岳仲连一生带来了又一次转折。这一年，专政岳仲连的“文革”小组派人外调，带来了一个惊人的消息，临泽贾家屯庄的贾富仓老人回忆：“1937 年春，在掩埋被马匪军杀害的红军时，救出了一个十几岁的孩子，抬到小庙里，后在张掖、临泽一带要饭，四川口音。”岳仲连才知道那个当年用洋芋米汤救过他性命的老爹爹叫贾富仓。流落在张掖的四位红军听说那个绰号叫“芝麻壳”的在玉门还活着，都写了证明材料。事实基本清楚后，岳仲连被就近安排在玉门镇政府农场劳动，以待进一步澄清一些细节。

1978 年，这个中国历史上重要的年份，使岳仲连迎来了人生中的又一个春天，“叛徒”、“国民党残渣余孽”的帽子悉被摘除，政府发给了他“流落红军证”。1984 年又给他换发了“西路军红军老战士光荣证”，

岳仲连全家

他感到很宽慰。

20 世纪 80 年代,岳仲连连任两届玉门市政协委员。

1985 年清明节，玉门市民政局组织流落红军瞻仰高台烈士陵园，也许这是他跟战友的诀别,岳仲连早早就拟就了一副挽联:“悲壮岁月传千古,先烈功绩留万嗣。”他让做裁缝的老伴用布剪贴出来,陈列在高台烈士陵园。

1991 年,儿子岳军结婚,岳仲连带着儿子儿媳又回了趟南江县老家,这也许是他跟家乡的最后一次亲近了。

他说:“回顾一生不后悔,人嘛,总要经历一些风雨,君子之志可大可小,丈夫之身能屈能伸嘛！”

2003 年 8 月,是岳仲连 85 岁生日,回顾坎坷一生,他悲喜交集,抚事追昔,即兴赋诗:“巴山蜀水十三秋,投笔从戎跟党走;千山万水何所惧,血战河西志未酬。”“蜀生陇长八五秋,酸甜苦辣度春秋;西征未尽男儿志,等闲白了少年头。”

2004 年 7 月 8 日,伴随了他近 60 年的老伴翟国珍突然去世,岳仲连失去了生活的另一半。那天早晨,翟国珍老人依旧拿着小盆出门打牛奶,绊倒在门口的台阶上,后脑勺磕了一下,颅内大面积出血,昏迷不到一天,就平静地去了。岳仲连没有诀别的心理准备,老伴就走了,临终前没说一句话,甚至连眼睛都没睁开过。86 岁的岳仲连被彻底击倒了,自从他得了脱肛病,几十年来,裤子上常常带血,老伴翟国珍从来没说过一个“脏”字,他总觉得老伴身上有一种耗不尽的生命能量。如今,她就这么匆匆走了,留下了无限的伤感和内心难以排解的惆怅……

岳仲连这样总结自己的一生:“一身正气随我去，两袖清风留人间。”并叮嘱关注他历史的彭明,说他死后给他写成挽联。这也许就是他镌刻在阴阳界上的留言吧。

如今,岳仲连的儿子儿媳都下岗了,在几平米的空间里以出售军

叭！一枪过来，那个娃娃扑到我身上，子弹从那个娃娃的脑袋穿过，又从我的左肩穿过。

用物品维生，他也仍住在几间简陋的平房里，但老人从未向组织提过要求。他认为他是红军身份，他不好意思向组织提要求，有困难只能自己克服。

70年过去，一切成了往事，变成了回忆，而往事与回忆编织出的是一段梦魇的历史。

结束了采访，我的心在泣血。我们告别，上车，老人扒在车窗上一再念叨："张掖是我的第二故乡，你们是我的家乡人！"这句念叨了半辈子的心语，便是岳仲连与张掖人的岁月浓情的真实写照。

（王国华）

胡保荣、姬玉珍——我的父亲母亲

我的母亲姬玉珍，1913 年出生在四川省平昌县一个汉族农民家庭，她的父亲姬光文，是个老实巴交的农民，生有两个女儿，大女儿姬大珍，次女就是姬玉珍，一家人全靠父亲姬光文给财主打工和母亲给财主家洗衣做针线维持生活。在我母亲 8 岁时，她的父亲姬光文就去世了，家庭生活陷入了困境，她刚满 12 岁，就被母亲送给得胜镇一个叫祸永先的财主当使女。

在祸家刚开始做一些家务小活，由于她机灵、勤快、力气大，到了十五六岁时就到酒坊烧酒、喂猪。刚到酒坊时，刺鼻的酒糟味使她常常头晕目眩，为了尽快适应，她在好心人的指点下每天都坚持喝上几口净酒，不但适应了酒味，而且干起活来有劲。她吃苦肯干，在财主家干活很少挨打，但剥削是免不了的，干了七八年活，没有给过分文的工钱，更没给过她任何自由。

1933 年初，红军进入巴中的腹心地带平昌，做宣传，搞演讲，动员百姓参加红军，各地的武装起义此起彼伏，一时间热闹非凡。红军在平昌的活动使祸财主非常害怕，也就放松了对她的限制，在得胜镇的文庙里，她第一次聆听了红军宣传的革命道理，她的内心充满了激情。看着同乡姐妹纷纷走进革命队伍，她被感染了，就

姬玉珍

背着祸家参加了妇女先锋队。在先锋队的组织里，她逐步懂得了一些革命道理，滋生了穷人要翻身，必须闹革命的思想。

1958 年姬玉珍（后中）在流落红军座谈会上

红军进川后到处打胜仗，加之红军打富济贫，使很多百姓觉悟起来，积极报名参加红军。初步受到革命教育的她，参加红军的信心更足了，她约好了几个姐妹后，背着财主回家看望了母亲和姐姐。1933 年夏天的一个晚上，她与约好的几个姐妹跑到徐青县参加了红军。参军后的一段时间里，她很高兴，因为她结束了在财主家当牛做马的生活，与众多兄弟姐妹生活在一起有说有笑很快乐。但过了一段时间就想家了，想母亲、想回家的念头不断产生，有时特别想家的时候，只能在晚上偷偷地哭。时间一长，战事一紧，加之和战友们也熟了，相互都能交流，就逐渐习惯了部队的生活。参军不久她被分配到红四方面军总供给部当战士，后又被提升当过班长。

红军每次与敌人作战时，都要牺牲一些战友，她开始是望而生悲又生畏，时间长了，不但不害怕，反而激起了打败敌人为牺牲战友们报仇的决心。

我母亲在世时，一谈到爬雪山、过草地的事都会落泪，虽然没有敌人的围追堵截，但恶劣的环境条件夺去了不少战友的生命。她回忆说，刚开始时，战士们还有备上的干粮、炒面，虽吃不饱，但还能维持，一段时间后，就什么也没有了，只能靠采野菜充饥，有的战士还把皮带放在火上烤干了嚼着吃，野菜不够维持，就挖草根、剥树皮来维持生命。在后

来的一段时间里仅靠树皮草根就不能保证最基本的营养了，只能宰杀运送弹药器具的牦牛和马给各连队分了补充战士们的营养，常常是这边宰杀牦牛，那边的战士就等着讨牛皮架锅煮食。在最后的一段时间里，就更为困难了，牦牛、驮马没有了，首长就把跟随自己出生入死的坐骑含泪打死了给战士们吃。

离开时，帐篷也不拆了，拆了也没有驮运的牦牛。战士们不但要忍受饥饿的痛苦，还要忍受干渴的痛苦。在草地里淡水很少，有时几天见不到水。战士们渴极了，见到哪里有水，趴倒就痛饮一顿，有的喝了水，肚子一胀就再也爬不起来，和战友们永别了。到出草地时，一些年老体弱和年纪太小的战友就永远地离开了这个世界。草地上随处可见一堆一堆的白骨、枪械、马鞍和马灯，令人心惊胆寒，那是上年中央红军通过草地时饿死的烈士遗骨和他们丢下的遗物。

母亲那时正是年轻力壮的时候，虽然身上长过疮，得过病，体内积藏了大量的湿毒，但还是幸运地走出了草地。在过雪山时，她捡到了半块烂羊皮，缝到衣服里面，虽然脚冻伤了，还是比没有羊皮的战友好得多。

会宁会师后，母亲随部队奉命西渡黄河。渡河时，船只、筏子极少，为了争时间抢速度，会游泳的游过去了，不会游泳又坐不上船的就抓着马尾巴被带过河去。有时候一匹马带的人多了，就连人带马落水被大浪卷走了。母亲也是抓着马尾巴渡过黄河的，过河后，战斗就残酷了。她说：虽然爬雪山过草地的长征生活艰苦，但没有河西走廊的战斗残忍。红军每打一仗，伤亡都很大，红军行军大多都是利用晚上的时间，供给部经常到外面挑运物资，执行任务必须化装行动，严防小股马匪或民团的袭击。

她说过，临泽的倪家营子，真是尸骨成山血水成河，惨不忍睹。她们供给部本来是负责部队给养的，可是在河西走廊多数战斗中特别是倪家营抗击马匪的作战中，她们的任务就成了以作战为主。1937 年 3 月的一天，奉上级命令，她们负责一部分部队撤退的掩护工作，在敌人强大的火力下，虽然部队撤出了重围，但伤亡很大，大部分战友牺牲了，只剩下她和两位女战友还活着，身边只剩一挺机枪和为数不多的子弹。她与杨翠红和罗某两位战友，又抵挡了一阵后，子弹打光了，战友罗某也牺牲了，她的左腿肚子被子弹穿过，无法行走，她和战友杨翠红被敌人束手就擒。

1964年姬玉珍(三排左三)胡保荣(二排左一)在流落红军座谈会上

被俘后，她和杨翠红以及其他被俘的战友由敌人押送到青海西宁羊毛厂做苦工。羊毛厂在湟水河岸边，是马步芳的工厂，在河西被俘的女红军大部分被关押在这里做苦役。母亲是撕羊毛的，在马匪兵的监视下一刻也不能停，谁要是偷懒就会挨皮鞭，因此，女工们的手一个个肿得跟馒头一样。她们大都是南方人，不会做面食，发给她们的一点面也只能搅成疙瘩汤填肚子。不久，她们听说要把她们分配给马匪的官兵做妻妾，因为已经有姐妹被强行挑出来送了人，有的拼死抵抗，当场被敌人刺死。因此，她们就白天干活，晚上找机会和战友偷偷商量脱险之计。可警戒森严，哪能逃出虎口，她们只能含着眼泪等待死亡。因为敌人扬言，不答应他们的条件要把她们全部处死或者活埋。

可怕的一天终于来了，大概一月后，敌人将她们捆绑好，押到挖好的又大又深的坑旁，准备活埋她们。就在那时，敌军一匹快马来报，被俘的红军战友们都听得很清楚：日奶奶的，报告长官，上级有令，再不许杀一个红军，要再杀一个红军赔一架飞机，杀三个红军赔十架飞机，杀十

个红军要赔二马的头。她们没有高兴得跳起来，却互相抱头痛哭，因为她们幸运地又一次躲过了死亡。

她们又被押回羊毛厂做工，敌人头目训话说：日奶奶的，你们这些共党娃子、共党丫头，男的可以给我们当兵，女的可以给我们当官的做老婆，不愿意当兵和做老婆的，我们可以送你们回家。

虽不能去找部队，但总算逃过了死亡，踏上了回家的路。敌人押着母亲她们从西宁出发，经兰州一县转一县把她和一些同路的战友送至甘肃的武山县，交给了保安部队看管，并由保安大队负责下一站押送。

在武山，母亲遇上了在保安大队当兵的胡保荣，也就是我的父亲。胡保荣原名叫扈宝荣，由于自己不识字，别人就将他写成了胡保荣。胡保荣1909年出生在山东曹县的一个贫苦农民家庭，家中兄妹四人，他排行老二。在他刚满14岁的时候，母亲去世了。一年后，家父扈进平又娶了女人。由于他脾气倔强，常常和继母发生口角，母子矛盾越来越深，因此就产生了离家出走的念头。18岁时，他离家出走了，从此开始了流浪生活。

离家出走后，他一路走，一路给地主打短工挣点盘缠，再接着走，他也不知道走到哪里是目的地。转眼到了1929年秋，他来到河南一家姓郑的财主家干活。1931年春，让当地的伪保长抓去当兵了。1933年夏天，为一件小事，伪军的班长狠揍了他一顿，他恨透了，正巧，有一天轮到他夜间放哨，河对岸是与他们部队作战的红军，晚上听见红军在对岸喊话：同胞们，红军是穷人的部队，官兵同等，不打骂士兵……兄弟们你们过来吧……他就约了几个放哨的战友渡过河去，参加了红军。

参加红军后他被分配到红二方面军第六师第十七团，在团部当管理员。到了1936年秋，他们第六师第十七团到甘肃的武山县执行扩大红军的任务，被国民党军队围困山上一个月多，最后大部分被打散或被俘，他也被俘了，他和9个战友一起被编到了保安队。

母亲和胡保荣认识后，知道两人都是红军，只是所在部队不同，被俘的地点不同，两人的家庭情况却十分相似，一个在少年时母亲去世，一个在年幼时父亲早亡。1937 年 6 月,经过一位名叫马俊的同事做媒撮合,两人就走在了一起。从此母亲就随父亲胡保荣暂住武山县,在那里建立了小家庭,一个在保安队里做事,一个做家庭妇女。

1938 年底,母亲生下了第一个孩子,是个女婴,孩子生下来就是死的,且浑身腐烂,这对年近三十且盼儿心切的夫妇俩无疑是沉重的打击。第二年又生了二胎,也是一样的情景。1940 年 3 月,父亲由武山县调往临泽保安队,母亲也就随父亲到了临泽,又来到了这个牺牲了她的好多战友,她也曾经差点做了马匪刀下之鬼而最终被俘的地方。1941 年 10 月,她又生了第三胎女婴,孩子只存活了一天也死了。第三天,父亲就托人抱来一个生下刚三天的男婴。这个男孩接上了母亲的奶水,身体比较健壮,父母也都特别喜欢他,把他当成掌上明珠。这个男孩成为他们生活的精神支柱。

不幸的是,孩子两岁时出了天花,这场病花完了家里所有的积蓄,虽保住了性命,但欠了乡亲好友的很多债,日子实在过不下去了。1943 年底,父亲辞去了保安队差事,在朋友老乡的帮助下迁居张掖城内,在西街行军巷租了两间房子,做起了摆地摊的小买卖。母亲除了做家务,有时给人做点针线活,挣点小钱补贴家庭。虽然生活困难,但还算平安,没什么大灾大难。

1949 年 4 月,已经 8 年没有生育的母亲又生下了一个男孩,本来日子比较紧巴的家庭又添了一口人。孩子生下后浑身没有皮,烂眼睛,多半天时间了,不哭也不睁眼睛。母亲见此,认为和前面的几个孩子一样也活不了,就对接生的老娘婆(接生员)说,别费心劲了,快把他抱出去扔掉算了。苦心的老娘婆精心调理了半天时间,孩子哭出声来了,这个孩子正是我。我出生后,家庭生活更加困难了,父亲从城里提点针线、水烟、肥皂、火柴之类的生活小用品,挑着担子到乡下去卖,赚点小钱来维持生活。

1952 年,农村进行土地改革,为了扭转困难的生活状况,父亲就报名到农村种地,经政府批准迁到小河乡柳树寨村定居,分得了三间房

子，十二亩地。粮食成熟收割之后，父亲用扁担挑，母亲用绳子背往场院去打碾。燃料缺乏，父亲就乘冬闲到滩上刨刺根来做柴火，日子过得还算舒心。

1958 年 9 月，政府开始摸底调查父母的身份。一天，公社派人送来一个让父母到县上开会的通知，到了开会的时间，父母提前一天就出发了。会议开了四五天，回来时每人还带着一套军用黄棉衣，说是县上发的。父母回来后都高兴，说苦日子总算熬出头了，再也不用隐姓埋名掖着藏着了，等好一点有了钱，都回老家看看。从此以后，公社和大队也陆续请父母做忆苦思甜报告。1963 年，生产队选母亲当了女队长，拿印子管库房里的粮食，同年，母亲又光荣地出席张掖县人民代表大会，当上了县法院的陪审员。1964 年被选为甘肃省人大代表，同年 9 月出席了甘肃省第三届人民代表大会。她住在了兰州饭店的七层楼上，第一次见到了那么高的楼房，她激动得一夜都没合眼。

1965 年秋，“社教”工作队进村了，把母亲和父亲当成重点清查对象，要母亲交代贪污粮食的事情，让父亲交代叛变革命、泄露机密的事情。性格耿直的母亲说啥也没有违心承认，她被划成了四不清干部。接着又对她们的红军身份进行审查，经“社教”工作组到武山、临泽、张掖等地调查，做出了两人无反叛行为的结论才算罢休。

1973 年姬玉珍(前中)在张掖县流落红军座谈会上

虽然两人的身份得到了重新认定，但父母亲此时已心灰意冷，他们俩都要争着回老家看看。限于经济能力，最后达成一致，母亲一人先回四川，父亲等机会再回山东探亲。1965年深秋，母亲的想法得到了公社同意，并给她补贴了30元的路费，让她踏上了离别三十多年的故乡，圆了她的回家梦。那次回去后，她向平昌县民政局提出将全家迁入四川定居的想法，民政局同意了她的请求，但必须迁入农村，让她自己选择地方。后经全家反复商议，怕不适应四川的气候，就打消了迁居四川的念头，全家人又都在为增加一两间房子和父亲回老家的目标努力奋斗着。

哪知一波未平，一波又起。1968年夏天的一个下午，生产队通知我家参加社员大会，说我父亲和母亲必须参加。大会开始前，学习了毛主席语录和毛主席最新指示，“文革”积极分子就大声喊着“揪出叛徒胡宝荣”，我们全家人紧紧把父亲围在中间并举起手高喊“毛主席万岁！”“中国共产党万岁！”口号声过后，他们还是将父亲强行揪出去了，让父亲交代他的叛徒罪行，交代1936年被俘和当保安队长的罪行，幸运的是父亲这一天没有挨打。

第一天揪斗过后，除了写一封又一封交代材料外，就是应付一次比一次凶狠的批斗会。父亲的脖子上吊着用细铁丝拴着的木头牌子，被勒得血肉模糊，等到下一次开批斗会时还不见好。此后，父亲去参加批斗会，经常被挂上四十多斤重的车轴头，有时还给他挂上石磙子，戴上高帽子，挂上大木头牌子，上面写着“叛徒胡宝荣”，让他敲着铁盆到各队各户游行，只要一到有人的地方就边敲边高喊“我是叛徒胡宝荣，向人民低头认罪”。

不久，在全大队范围的批斗会上，把母亲以叛徒老婆的罪名也揪了出来批斗。母亲一直坚持自己没有当过叛徒，他们就匆匆给母亲定了“投敌变节”的罪名上报了，从此停发了每月8元的生活补助。

从父亲被揪斗那一年起，全家人几乎失去了继续活下去的信心。1968年农历腊月初八的晚上，父亲被叫到大庙里的一个黑房子里，不知用了什么酷刑和侮辱，父亲回来后浑身是伤，除了悲哀的哭声，一句话也问不出来。父亲的哭声和全家人的哭声连成一片，比送葬的场面都凄

惨。突然，父亲擦去眼泪，让我找来纸和笔，写了山东老家的一些情况和以后有机会找他的老首长和找组织为他平反的事，第二天早上他就跳井自尽了。

父亲死了，母亲把仅有的三间房子上的木头减拆了一部分，做了一副棺木，把父亲掩埋了。父亲死了，批斗转到了我身上，我被定上了"为叛徒老子胡保荣翻案的现行反革命"的罪名，生产队每次开会要在会场中央放上用草扎成的"胡保荣"，上面写着"打倒叛徒胡宝荣"，在我的脖子上挂上重物，就这样度过了四个多月的狂风巨浪，最后以替叛徒老子翻案的现行反革命分子的罪行，开除了我的团籍，这才停止了对我的批斗。

经过寒冬的人，最知太阳的温暖，全家人经过狂风巨浪的袭击，终于迎来了雨后的晴天。虽然"文革"没有完全结束，但被一些投机分子利用"文革"制造的冤假错案已陆续得到平反。强加给我们全家的不实之词终于得到纠正，"叛徒"、"投敌变节分子"、"现行反革命分子"之类的帽子全部被摘去。

1971年秋，小河公社党委派领导来我家所属的柳树寨大队将我家所有的冤案逐项进行了平反，恢复了母亲姬玉珍流落红军的待遇。1979年父亲的问题也得到彻底平反。1981年秋，母亲又重新被选为张掖县人大代表。1983年元月，年老多病的母亲在我的陪同下第二次回到了四川老家。

1984年，组织上将母亲的"红军流落人员证"又换成"西路军红军老战士光荣证"。

1985年12月母亲去世，享年72岁。

（胡荣禄）

从此，年近六十岁的万马氏就在战友李维志的家里栖身度日，直至去世。

李维志、万马氏——超越血缘的亲情

李维志，男，1917年2月出生于四川省巴州县西阳家村一个贫苦农民家庭。父母早亡，家中只有奶奶和两个胞兄，弟兄三个中，李维志排行老三。1932年红四方面军解放了巴州，红色风暴随着川陕革命根据地的创立席卷巴州大地，李氏兄弟的命运转折就此拉开了序幕。

四年兵营生涯

1932年，二哥李维强参加了红军，15岁的李维志也报名要参加红军，部队首长嫌他年龄小没接收。1933年正月，李维志在紫桐庙第二次报名被批准入伍，编入红四方面军第九军二十六师七十三团二营四连当上了号兵，开始了四年的兵营生活。

参军后的他经过短暂的训练就先后参加了反"三路围攻"和仪南、营渠、宣达三次战役及反"六路围攻"战斗。1935年3月，随部队强渡嘉陵江参加了长征，经松潘、过懋功、爬雪山、过草地，在茫茫无边的草地里经受千辛万苦，不但要与敌人拼杀周旋，而且要与恶劣天气和饥寒交迫的生活抗争。为了不掉队，他咬紧牙关追赶队伍，在草地中三进三出。

1936年10月会宁会师后，他随部奉命渡过黄河参加西征。部队改称西路军后挺进河西走廊，参加了干柴洼、古浪、永昌等战斗。西路军进驻临泽县境后，他先后参加了刘家墩子、西洞堡、倪家营子、西柳沟、梨园口等战斗。1937年3月在梨园口战斗中，他左腿中弹负伤掉队，结束了他的兵营生涯。

虽然兵营生活只有短短的四年，但正是这艰苦卓绝的四年锻炼，铸造了他坚强不屈、乐于助人的优良品格，成就了与落难战友万马氏超越血缘的亲情佳话。

十二年流浪乞讨

梨园口战斗失败后，他从尸体堆中爬出来，辗转来到高台南山一家小煤窑，得到窑工们的收留照料，住了12天，被搜山的马匪军抓捕，押送到张掖韩起功处。一同在押的红军被俘人员有的被杀，有的被活埋，有的被编入"补充团"做苦役。因李维志是个"尕娃"，被发落到一家餐馆里洗菜、刷碗、干零活。因他年幼个头小不被人注意，几个月后的一个夜晚，他乘机溜出来逃离了虎口，在张掖、临泽、高台等地讨饭度日。

1983年李维志(后右一)在张掖地区流落红军座谈会上

一天，他在张掖平原堡讨饭的路上遇见落难讨荒的战友寇孝祥。同生死共命运的战友在各自逃命的异地相会，欢欣之至，从此两人相依，结伴乞讨。1942年，25岁的李维志和张掖甘浚堡一个讨饭的女人结婚成家。虽说是成家，但他们田无一

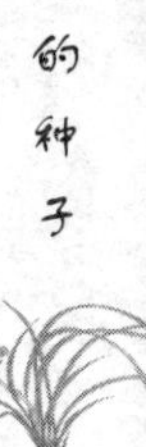

从此，年近六十岁的万马氏就在战友李维志的家里栖身度日，直至去世。

垄，房无一间，只是讨饭路上又多了一个伴而已。一对患难夫妻相依为命，流浪河西，靠乞讨和打短工度日。他最长的一份工作是在酒泉一家餐馆干了3年。1949年9月临泽解放，他知道好多战友都在临泽鸭翅渠落户安家了，他也就在鸭翅渠安了家落了户，为的是相互有个照应。从此，结束了12年浪迹河西、居无定所的生活。

值得一提的是，尽管度日那样艰难，可当万马氏(生平附后)讨要到他家时，看到年老体衰的同乡战友如此窘迫，他毫不犹豫地将万马氏当作母亲一样收养了她。年近60岁的万马氏从此结束了流浪乞讨的漂泊生活，就在李维志的关照下栖身度日近20年，直到1951年去世。关于这段历史，我们虽然多方打听，但收效甚微，没有详细的情节和内容留存，但这段超越血缘亲情的故事却是真实的。它时常拷问我们的灵魂，如果不是经过了战火洗礼后的阶级友情，在自己还靠乞讨和打短工度日且居无定所的条件下能否发生？今天幸福生活的我们该如何去感恩？

与共和国一起新生

安定下来后，李维志积极投身到土地改革、民主建政和生产建设之中。1958年，他享受到了流落红军的待遇，同年加入中国共产党。此后，他更加积极工作，1958年开始担任鸭暖公社大鸭大队大队长，后来也断断续续当了二十多年生产队长。

李维志生性忠厚，心地善良且为人热情。面对流落战友就像春天般温暖，除收留战友万马氏外，在李维志流落异乡的50年当中，不论当年流浪讨饭期间或后来的定居生活期间，他都常常不远百里，徒步看望流落在张掖、高台和临泽各地的战友，相互关爱。在历次调查中，在为组织尽可能多地提供一些流落西路军老战士的信息工作方面他功不可没。面对老百姓他更是倾其所能进行帮助：1960年饥荒时期，他把家里晾下的干白菜给了别人一半，让其充饥；有个人寒冬缺衣，他将自己仅有的一件棉衣送给；1964年冬“四清“运动中，李维志作为大队、生产队干部自然难逃厄运，成了“四不清”，尽管这样，他还把大队领导班子中的一些“错误”也主动承担了下来。当家里有人反对他这样做时，他常常说：“我们也是受别人帮助从艰难岁月中过来的，别人有困难，我们帮助一下也是应该的。”正是因为他乐善好施，所以他一直备受流落战友和邻里的爱戴与尊敬。

三十年后的省亲

虽然艰辛，但他终究活了下来，也看到和享受到了自己为之流血奋斗的新生活，可和自己一起踏上长征路之后就再也没有见到的二哥仍然不知死活，这是李维志始终没有解开的心结。为解开这个心结，1962 年 12 月，由儿子李德清陪同，李维志回到了阔别 30 年的老家——四川省巴州县西阳家村。

到家后见到的第一个人是外甥小马，但舅甥见面互不认识。可谓是：少小离家老大回，乡音未改鬓毛衰。甥舅相见不相识，笑问客从何处来。是啊，当年 16 岁的红军战士，走在千军万马的红军队伍中是何等的荣耀，何等的自豪！30 年后走在家乡路上的却是一个无人认识的四十多岁的中年汉子了！

从外甥口中得知，他参加红军走后几十年杳无音讯，大家以为他们弟兄俩都牺牲了，每年清明节都给他们烧纸……没想到今天他活着回来了。而他的二哥李维强，自出门参加红军以后没给家里来过信，听说死在长征路上了。不论真假，这总算有了信息，也算是解开了李维志的心结。在故乡，李维志和儿子做了所有中国人都习惯做的事：祭奠了祖先、走访了亲友。12 天后，李维志返回了他的第二故乡——临泽县。

从老家回来后，李维志一如既往地在农业社从事生产劳动。到 20 世纪 80 年代初，孝顺的儿女们把他们老俩口接到了县城，度过了他生命历程的最后 10 年。1992 年 6 月李维志去世，终年 75 岁。

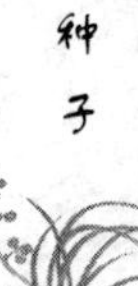

从此，年近六十岁的万马氏就在战友李维志的家里栖身度日，直至去世。

附：万马氏生平

万马氏，女，1882 年出生在四川省巴州县曾口区一个农民家庭，娘家姓马，后当了童养媳嫁到万家，人称万马氏。由于从小就下地干活，在繁重的劳动中，练就了一副健壮的体格，平日里颇有些男子气。1932 年红军解放了四川巴州，宣传并发动妇女参加红军。万马氏看到了向她们宣传的女红军战士的飒爽英姿，听到了她们在红军队伍里享受到的自由平等，再看看周围父母送儿女、妻子送丈夫或夫妻双双参加红军的场面，年过五旬的万马氏再也按捺不住内心的渴望，于 1932 年毅然解开裹脚布，剪去长头发，在四川巴州参加了红军。在她的影响下，她的丈夫和儿子也参加了红军，一同在红四方面军总供给部的兵工厂做工，制做铁铸的“赤化全川”的马尾手榴弹。

1986 年李维志(后中)在张掖地区流落红军座谈会上

万马氏参军后思想进步很快，于同年加入了中国共产党，参加了川陕革命根据地反“三路围攻”和仪南、营渠、宣达三次进攻战役及反“六路围攻”。1935 年 3 月，万马氏一家三口跟随部队强渡嘉陵江参加了长征。在长征途中，万马氏的丈夫、儿子先后都牺牲了，她承受了亡夫丧子的悲痛，在征程中像男同志一样抬担架，救伤员，搞勤务，从不惜力。部队三过草地雪山的艰苦磨练，把万马氏锻炼成了一个意志坚强的战士。

1958 年“镇压杀害红军的反革命”时民兵进入会场

1936 年 10 月，红军三大主力在甘肃会宁会师，只休息了半天，万马氏就随部队渡过了黄河。部队渡河后改编为西路军进军河西走廊，万马氏在水磨关、永昌战斗中先后四次负伤。随后又经历了到山丹、民乐、张掖、临泽等西进途中的战斗，参加了倪家营、三道柳沟、梨园口血战。

1937 年 3 月中旬，在祁连山康隆寺作战中，部队虽然和敌人的追兵打了整整一个晚上，但终因寡不敌众，被马匪军骑兵冲散。战斗结束后，万马氏从死人堆里爬出来，发现山沟里到处都有被枪杀、刀砍、饿死、冻死的红军遗体，暴尸荒野，惨不忍睹，部队也已不知去向。从此，她与部队失去了联系。

相继失去了丈夫、儿子和部队且浑身是伤的万马氏，此时成了一个真正的孤苦老人。带着满身伤痕的她，为了生存摸出了祁连山，过起了沿门讨饭的流浪生活。碰巧的是，有一天讨要时正好来到了临时落脚在临泽大鸭翅村谢家屯庄里的流落红军李维志家。此后，年近 60 岁的万马氏就在战友李维志的关爱下，结束了孤苦流浪的乞讨生活，这真是：孤苦乞讨漂泊日，阶级友情助余生。

临泽解放后不久，驻防高台县的解放军七师党委召见高（台）、临

从此，年近六十岁的万马氏就在战友李维志的家里栖身度日，直至去世。

(泽)两县的流落红军开了座谈会,万马氏有幸参加了会议。七师师长张开基曾是西路红军的一员,参加过西征,当听到和看到这些流落战友的不幸遭遇后,在他的主导下,七师党委立即作出决定,在高台中学举办短期培训后,将他们中的部分同志分配到区、乡政府工作。万马氏由于年龄的缘由虽然没能继续参加革命工作,但作为西路军失散人员有了红军的名份,挺起了腰杆。此后,万马氏就在周围人们的敬仰和钦佩的氛围里,在战友李维志的关爱下,度过了生命中的最后岁月,1951年去世,终年69岁。

（孙　瑛　濮生荣）

那年年底，由广武坡包粮爷介绍陈银花同另外一名流落红军易蒲彩结婚。

陈银花、易蒲彩
——两片落叶，偶尔吹在一起

陈银花，女，1917 年出生于四川省万源县毛坝场的一个贫苦农民家庭，尽管父母成年累月的辛勤劳作，一年四季仍不得温饱。陈银花从小就给地主家带孩子、放牛、做饭。在她 15 岁时，母亲杨仪就被地主逼死了。为了家中其他人的生存，父亲只得把小妹妹陈春香送了人，不到一个月，父亲陈富财因病亡故。这时，姐姐陈香花也被婆家逼死了，7 口人的家在不到半年的时间里，只剩下陈银花和妹妹陈白花、弟弟陈东吴 3 个人，从此姐弟 3 人过着食不裹腹、衣不蔽体的生活。

1933 年，川东游击军配合红四方面军解放了万源县城，这年 10 月，陈银花姐弟 3 人先后在毛坝场报名参加了红军。之后，弟妹两人在当地

1954 年易蒲彩(二排左二)在武山扩干时的合影

分配了工作，陈银花在毛坝场训练了一个多月，被分配到了红四方面军第三十一军供给部被服厂。1934年部队在巴中时，陈银花被调到军医院当招待员，先后经历了川陕革命根据地反“三路围攻”和仪南、营渠、宣达三次进攻及反“六路围攻”的艰苦斗争。同年，部队来到通江，又把陈银花调到被服厂当班长，部队从通江至广元路过南江时，陈银花见过弟弟一面，从那以后，姐弟二人就再也没有见过面。红四方面军完成陕南战役后，为继续贯彻原定向川甘边境发展的方针，同时配合中央红军在川南、黔北的活动，决定发起强渡嘉陵江战役。1935年春天，在渡江前，陈银花碰到了妹妹陈白花，两人整整谈了一夜，陈银花才得知妹妹在红九军当班长。临走时妹妹送给陈银花一件衣服、一条毯子，从此，姐妹再无联系。

1957年易蒲彩在中共甘肃省委中级党校学习时与陈银花及儿子合影

1935年夏天，陈银花随军过嘉陵江后就开始了长征。1936年初，陈银花跟随部队在丹巴住了数月后，开始翻雪山过草地，于1936年7月间到达甘肃临洮。这时陈银花就给部队打碾磨麸一个多月，8月中旬她随部队由临洮出发走了半个月来到了武山县广武一带。这时的陈银花浑身上下全是病，尤其是脚肿得特别厉害，从包家坪到颉家门3华里路就走了一天，在这种情况下，她掉队了。

后来，陈银花流落在武山县广武一带的颉家门村农民颉号令家中，并在他家中治病。经过一个冬天的治疗，病好后，陈银花就同颉号令结了婚。婚后，陈银花和颉号令所生的两个孩子都死了，1942年9月，颉号令也被当地地主害死。那年年底，由广武坡包粮爷介绍陈银花同另外一

名流落红军易蒲彩结婚，两片落叶，偶尔吹在一起。

1959 年易蒲彩(前排右二)在甘肃省委中级党校学习时合影

易蒲彩，男，又名易发生，1915 年 5 月出生于江西省泰和县樟塘的一个贫苦农民家庭，在他 7 岁那年，父母因饥寒交迫而亡。父母去世后，易蒲彩由其堂叔抚养，也就是给叔父家放牛。易蒲彩 10 岁那年叔父也去世了。因为叔父家中子女众多，生活也不能维持，只好由亲房姐姐介绍他当了一名小学徒。两年的学徒生活，使易蒲彩对旧社会由愤愤不满到公开反抗。

13 岁时，师傅参加了红军，因易蒲彩年纪小，不能跟着去，只好留在家乡过起了无家可归的日子。1928 年，13 岁的易蒲彩担任了万泰县固坡区茹山乡儿童团分队长，次年担任茹山乡青年团中队长。1930 年 8 月 1 日与同乡的 6 个年轻人一同参加了红军，因易蒲彩年纪最小就留在了万泰独立团当勤务员，后独立团整编为中国工农红军独立第五师，易蒲彩任看护班长。1932 年春天，独立师编为第二十二军，此后易蒲彩在军卫生队当看护长，同年 8 月他加入了中国共产党。第二年，易蒲彩又被调到红一军团三师卫生部当司药。1934 年夏天，他又在红九军团卫生部担任

1964 年陈银花(后排左三)在流落红军座谈会上

组长、支部书记。

1935年3月,红四方面军撤离了川陕根据地,开始了艰苦的长征。红一、四方面军在川西会师后,易蒲彩于1935年底由红九军团卫生部调到中国工农红军第一方面军总卫生学校,在四川炉霍县学习医务。半年后学习毕业,他原回到了红九军团在四川甘孜县的卫生部,被分配到第二十七师八十团卫生队担任卫生队长,于1936年8月随军到达甘肃岷县哈达铺。

10月初,红四方面军离开岷、洮地区,继续北上。部队出发时,接到军团司令部的命令,易蒲彩所在的红八十团担任部队后备收容任务。走了几天,又接到军团司令部的命令,要红八十团紧急行军迅速通过渭河封锁线。在这种急行军的情况下,易蒲彩因病掉队,身上的衣服和随身携带的急救药品都被武山麻家山的人抢去,并且被毒打了一顿,扔在了路边,后被武山县鸳鸯镇广武坡罗家沟的罗贤田发现带回自己家中。罗贤田给易蒲彩治好了病,让易蒲彩给他当儿子,易蒲彩没同意,但为了感谢罗贤田的搭救之恩,他就在罗贤田家里做了一年多长工,没有要一个工钱。以后,因罗家生活困难,再加上当时国民党的抓共、抽丁和保甲制的敲诈与恐吓,一般家庭不敢收留易蒲彩,为了维持生存,他只得被迫给地主做长工。

1942年年底,与陈银花结婚后,他们共同做长工维持生计。1949年7月,易蒲彩由武山县地下党员杨荣贤带领参加解放活动,同年8月15日由武山县鸳鸯区委书记卫民同志介绍,他先后任鸳鸯区广武乡乡长兼鸳鸯区公所民政助理员。

1973年陈银花(后左)与红军姐妹合影

1952年8月至1956年3月在武山县南山区工作,先后担任过区生产助理员、民政助理员、副区长、区长等职。

那年年底，由广武坡包粮爷介绍陈银花同另外一名流落红军易蒲彩结婚。

易蒲彩和陈银花夫妇

1954年元月16日，易蒲彩在武山县南山区重新加入了中国共产党。1956年3月至1960年2月，易蒲彩被派到中共甘肃省委中级党校学习4年，后由省委组织部介绍到张掖工作，陈银花也随着迁居张掖。

到张掖后，易蒲彩先后担任过梁家墩公社先锋大队党支部书记、儿童福利院负责人，县收容所、遣送站所长、站长，农业机械站、塑料厂党支部书记、粮食局副局长等职。

解放后，陈银花虽然没有再参加过工作，做家庭妇女拉扯孩子，但她十分支持易蒲彩的工作，家中再忙再累，也不拖累丈夫。尤其是“文革”期间，她光明磊落，立场坚定，时时刻刻以党和人民的利益为重，宁可忍受打击、迫害也不拿原则做交易。

几十年里，易蒲彩和陈银花没有忘记和他们一样流落的红军战士，每逢过年过节，他们家一定是战友们相聚的场所，男男女女几十人，互相诉说，共同回忆，共同流泪，直至1976年陈银花病故。

易蒲彩老年时的全家福

在易蒲彩工作的时间里，他经常拿出自己的工资接济生活困难的红军战友，如果有谁来城里看病，他准会给垫付一些医药费。几十年如一日，直到1996年无疾而终。

（吴兴梅）

董桂芳——雪侮霜欺香益烈

2001 年 12 月 14 日，张掖西街的一个小院里，悲声阵阵，热泪行行，严冬的寒冷与满天的雪花也没能挡住前来为一个死者悼念的战友和亲人。她不是英雄，也不是伟人，在她的追悼会上，有全国政协委员、德高望重的王定国先生送来的“前辈功业传万代，高寿仙逝登九天”的挽联。她就是红西路军西征失败后的流落战士董桂芳。

苦难的身世

1919 年农历正月初二，董桂芳出生于四川省巴中县平梁区墩新公社的一个贫苦家庭。原名董发英，家父叫董原中，是老实憨厚的农民。母亲韩氏，是个纯朴善良的妇女，在她的脑海里连名字也没有。她只记得在她 6 岁那年秋天，雨，淅淅沥沥，天，凄凄惶惶，家中没有一粒粮米。母亲患发热病加上急促咳嗽，没钱请郎中看病。父亲到山上采了点青笋、药材熬上给母亲喝，但也无济于事。就在那个大雨不停的夜晚母亲离开了人世，从此她就成了没娘的孩子，靠父亲给人拉长工和本家爷爷的帮助拉养她。一个离村子很偏的山林旁边，竹竿、竹板、草绳、泥巴扎的茅草屋，就是她童年记忆里的家。

8 岁时，她有了继母王氏，但一直过着吃了上顿愁下顿的苦难日子。她上山挖野菜、打柴、放牛，到了春天就给养蚕户去帮工采桑叶，等到蚕做了茧，就可以得几个铜钱。无论是背草还是拾柴都得靠她，她时常孤零零地在山坡上期待着，想着妈妈能回家，但期待总是空的。

有一天，父亲带她到县城去看亲戚，县城里有很多头戴八角帽，上面贴着红五星，肩扛红缨枪的人，有大人，有小孩。他们唱着歌，非常欢乐，她很羡慕，听城里的人说这就是红军。跟随父亲回家后她心里一直不能平静，总想着那些扛红缨枪的孩子，他们多幸福啊！

走上革命路

1933 年春节过后，天气还很冷，她没有告诉父亲，偷着跑到县城里去，找到了红军儿童团就大哭，说家里没有了父母，要跟着部队。14岁的山里妹子不懂什么革命的道理，也没有什么远大的志向，她的愿望很朴素，就是跟着部队吃饱肚子，不受欺负。就这样她参加了红军，被编入红四方面军第三十军儿童团二分队当宣传员，跟着战友学唱歌、学演节目，轮流站岗放哨，做宣传，贴标语，从此和王定国成了好朋友。同年 10 月，她被调到政治部新剧团音乐股，她们宣传红军的政治主张，扩大红军队伍。每到一处都是人人欢欣鼓舞，家家贴对联，寨寨有鼓声。

1964 年董桂芳(中)在流落红军座谈会上

部队离开巴中时，她赶到家中与父亲和家人抱头哭别后，跟随部队永远离开了自己的家乡——巴中县。在行军中，她十分想念父亲，就请自己的团长易维精给写了封信，托人带到家中。信是否带到，父亲是否看到，却一直无从得知。她随军翻雪山，过草地，走到哪里节目就演到

哪里，向当地百姓宣传红军战斗和创建苏维埃政权的胜利，如戒烟、分配土地、群众踊跃支前和配合红军作战的英勇事迹等。

王定国(右)与董桂芳亲切交谈

从巴中转战随军长征,艰苦至极,配发的一点炒面不够吃，只能吃草根充饥,渴了就把雪或低凹处的水拿来解渴。但红军纪律非常严明,不能随便拿老百姓的一点粮食和衣物。一次,她们到一座寺庙里取了上供的炒面烧饼,还在供桌上放了三块大洋。强渡嘉陵江时,水流湍急,她乘坐的筏子到江中遇到暗礁,差点被撞翻,后被经过的木筏顺势救助才得以幸存。在过草地途中为鼓舞红军战士的斗志,剧团战士不怕随时陷入泥潭的危险,在队伍中前后奔走,表演对口节目,唱着红军战歌来鼓励大家。

会宁会师的那场演出是她最难忘的,那天天气晴朗,三军汇合,喜气洋洋,她与王定国配合表演了诉苦反压迫的节目,她扮演财主婆,王定国扮演被迫害的丫环。演出结束后,首长接见了剧团战士,鼓励同志们要克服困难,坚信革命一定能成功。

杨文局(右)与董桂芳亲切交谈

西渡黄河后，部队一边战斗一边西进，在一条山，她因感冒引发了“打摆子”病(疟疾),在永昌住了院，不能随剧团和部队行动。她哪里知道,就在她住院时，她们的剧团在前去给红九军慰问演出的路上被敌人包围在一个土圩子里，团长易维精牺牲，王定国等二十几个姐妹被俘，她们的剧团就这样消失了。她病情好转后，随供给部行军到张掖龙首堡，被编到红三十军政治部当宣传员，人还没有熟悉，就随部队突围到了梨园口。

蒙难祁连山

部队转战到康隆寺时被马匪打散，百般无助的她躲进了一个冰窟窿。天亮后看到到处都是死去的战友，虽悲痛万分，但为了活命，她毅然艰难地向山里转进。在路上她遇到妇女独立团的几个战友，她们白天躲在山洞里，夜里几个人挤在一起打个盹。在东躲西藏中遇到了许多战友，男的女的共 18 个，靠野菜、雪水和从放羊的牧人那里讨要的一点粮食充饥。

到春麦出芽的季节，气候已稍转暖和。大家饿得没办法，就想出山，不幸碰到搜山的民团，女战士没有武器，男战士虽有武器也没有了子弹，无法抗击敌人，18 个人一起被俘，被押到张掖，关入大衙门韩起功司令部的“新剧团”里。王定国、孙桂英、陈桂兰、李玉珍、蔡德珍她们已先被关在里边，但都装作不认识，谁都互不说话。匪兵把她们集合起来，问“共产党好还是马家军好”，她们说“共产党好”，顿时被敌人狠狠打了一顿。

她和被俘的女战友多半被迫强嫁，饱受了百般折磨。她被韩起功分给了他手枪队的传令兵刘庚祥做了老婆。刘庚祥是河南洛阳人，在张掖居住多年，母亲雒氏闲居在家，父亲刘玉奋做金银手饰加工，当地人叫“刘包金”。董桂芳过嫁后，就给人家做点针线活、碾米磨面挣点小钱。有个头疼脑热的就到福音

董桂芳(中)与王定国(左)在一起

1984 年董桂芳与王定国(中)、杨文局(左)合影

堂医院去看病,一来二往,认识了高金城,从此就成了高金城和大衙门监狱内红军的秘密联络员,后来协助高金城营救出了王定国等部分被俘的红军。

无情的考验

刘庚祥在韩起功手下当传令兵,后又当了团副。张掖还没解放,他就跑了,回到了河南老家。马匪到他家搜查、抄家,把财产用马车拉了好几车,从此,刘家破败。公婆相继去世后,虽然刘庚祥又回到张掖,但无正当职业维持生活,只能靠董桂芳在街上卖馍馍度日。1953 年她被推选为县妇联会副主任,由于不识字,开展工作非常困难,于是,第二年她自动退职回家。1957 年,她在张掖县城关镇肥料厂找到一份差使来维持一家人的生活。1958 年,张掖进行大规模的肃反运动,刘庚祥因当过韩起功手下兵的历史问题被判刑送新疆劳改。董桂芳本来就忍受不了刘庚祥对她"共产婆""老共产"的谩骂,加之刘庚祥又讨了小老婆,1959 年,她向法院提出了离婚。离婚的理由是一个是红军,一个是马匪军,政治思想有分歧,长期关系不和,法院判了离婚。离婚后留下了四个孩子。没有丈夫的家庭只能靠她给人家洗衣纳鞋掏厕所维持五口之家的生计。为了报答公婆对她的搭救之恩,董桂芳始终没有将唯一的儿子改姓。1964 年"四清"运动中,国家民政部信访外事接待处出具了由王定国同志亲笔书写的证明,证明了董桂芳参加红军和被俘及参加营救红军战士的经过,于是她被认定为红军流落战士,同年参加了张掖县流落红军人员座谈会议,1965 年参加了张掖专区流落红军人员座谈会。

在“文革”中，就因为她嫁过刘庚祥，又被打为“黑五类”、“叛徒”、“特务”，关到民运队的大会议室里不让回家，头上戴着高帽子，脖子上挂着写有“特务”“叛徒”的大牌子，不久又被下放到“五七”干校劳动。白天她参加重体力劳动，晚上又被强迫学背毛主席语录，在单位所有人参加的批斗会上，还让她交待自己“叛徒”“特务”等问题。就这样持续了近一月时间，她不能和子女见面。她不止一次地出现过轻生的念头，但最终还是挺住了，她坚信自己参加红军没有错，自己也不是什么“黑五类”“叛徒”“特务”，鼓足了勇气坚持活了下来。后来听说张琴秋同志被迫害跳楼含冤而死时，她痛哭了一场。哭的是张琴秋是西路红军女中豪杰，没有死在敌人的刀枪下，却死在了和平年代。1968 年，“文革”小组强制让“黑五类”全家迁到乡下。她想回四川巴中老家，由于同是老红军的黄仕福同志帮忙，才被留到了张掖城里，但她 17 岁和 14 岁的两个女儿被强令迁到张掖县龙渠乡落户劳动。

又见艳阳天

1973 年，张掖县政府通过外调和王定国来函证明，她的问题得到了解决，摘掉了“黑五类”、“叛徒”、“特务”的帽子，正式发给她西路军红军老战士光荣证。

这年，她和红军战士王玉春结伴回到了阔别几十年的四川巴中老家。回家后才得知父亲在她离开那年就双目失明，已在 1961 年去世。

董桂芳(右)与王定国在一起

她被韩起功分给了他的手枪队的传令兵刘庚祥做了老婆。

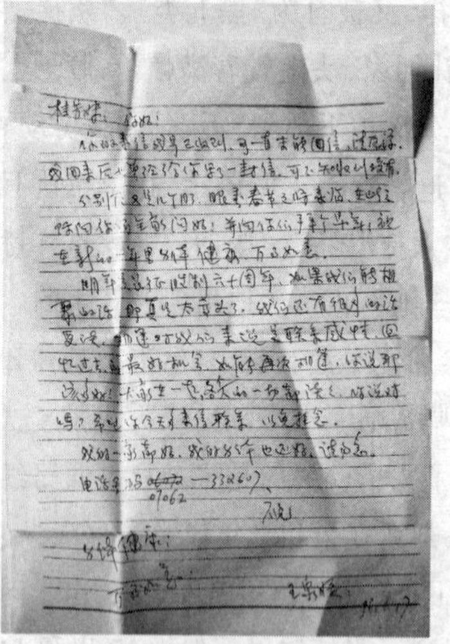

王泉媛写给董桂芳的信

家中唯一的亲人只有弟弟董成兴，由于享受政府烈士家属的照顾，生活也还过得去。待了一个月，她们又结伴回来了。

1983 年，王定国来到张掖，到她家看望了她，这对西征路上的患难姐妹见面后只有抱头痛哭，虽有千言万语却不知从何说起。1984 年，王定国陪同郑义斋夫人杨文局再次来张掖，又一次看望了她们这些流落在张掖的姐妹并合影留念。也是在这一年，当年西路军派到张掖建立中共甘州县委的吴建初重返张掖忆当年，知道她们还健在，老友旧话，整整谈了一天。从那时起，关注红军西征，关注西路军，关注她的人渐渐多起来。1984 年 9 月的一天，甘肃省社科院的董汉河走进了她的小院，她讲述了那段饱含了辛酸的往事。1991 年，红西路军妇女独立团团长王泉媛——那个带领着中国红军史上规模最大、战斗力最强的妇女武装一路拼杀过来的她的好姐妹来了，董桂芳的话匣子打开了，她陪同王泉媛瞻仰临泽烈士陵园，看望流落在张掖的红西路军老战士，知心的话说了三天。

1995 年 9 月 14 日，王泉媛再次来到张掖，这次来是为了配合中央电视台军事部拍摄纪念红军长征胜利 60 周年的电视片。王泉媛和她的姐妹陈淑娥、李文英、张秀英、马玉莲、董桂芳，在五十五师装甲兵四十六团礼堂里做革命传统报告。会场庄严、肃穆，全团官兵静静地等待着，“昔日红军前辈甘洒热血求解放树历史丰碑，今朝装甲铁骑发扬传统练精兵筑钢铁长城”的对联高高悬挂。老人们超凡脱俗的仪态和声情并茂的讲演，让在场者仿佛看到了这些红军女战士当年的飒爽英姿。当她们 8 位红军女战士迈着矫健的步伐进行阅兵时，“为人民服务,母亲万岁"的震天之声使她们各个泪盈眼眶。

50 多年了,虽然梨园口是那么近,但是,她从来没有踏上过这块浸透了红军将士鲜血的土地。这次她来了,当 8 位老人跌跌撞撞来到山脚下时,泪水已经浸湿了前襟,半个多世纪前的烽火硝烟血雨腥风格斗搏杀像汹涌的潮水般袭来,撞击着她们的心扉,她们放声痛哭,鸣枪致哀。

今宵别离后,不知何时再相见。电视片的拍摄结束了,8 位老人挥泪告别,难舍难分。为了永志纪念,董桂芳向王泉媛赠送了儿子用弹壳制作的手杖。

1996 年 1 月,王泉媛老人来信约她到北京参加长征胜利 60 周年纪念活动,因故未能成行。那年 6 月,王定国、高仕杰(高金城之子)来张掖,专程看望了她。

这年"八一"建军节,是董桂芳家中遭遇失去爱媳的不幸后最悲伤的时候,五十五师、十八医院的解放军女战士和张掖军分区的首长携带蛋糕和鲜花来给她过"生日"。她给女战士教唱红军剧团的"炮火连天响,战号频频吹,决战在今朝。我们少年先锋队,英勇武装上前线,用我们的刺刀、枪炮、头颅和热血,坚决与敌人决一死战"的战斗歌曲,暂时忘却了悲痛,这一天是她终身难忘的一天。

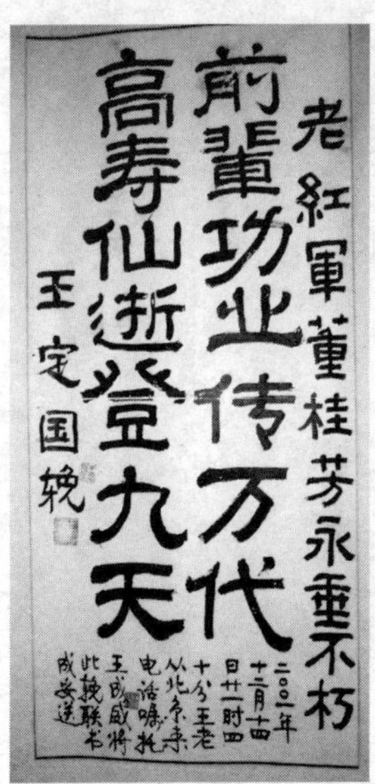

王定国悼念董桂芳的輓联

西路军悲壮的征程不仅感动着河西的每一个人,也感动着远隔千山万水的人。1996 年 8 月,吉林省敦化市江东乡小站村素不相识的郭英权来信向她问好,并希望她去信讲述长征的悲壮历程。

革命征程的战斗情意将董桂芳和远在北京的王定国紧紧联系在一起,她们常有

书信往来，1996年12月，王定国将她撰写的《后乐先忧斯世事》一书赠给董桂芳阅读存留。

1998年，王泉媛又来信约请董桂芳去北京参加建国50周年大庆，当时由于她身体不好，加之家中出事的打击无心出门，就没成行。

2001年，这个饱经风霜的老人走了，享年82岁。

去世前两天，她拨通了王定国的电话，想和战友作最后的诀别。王定国在电话里安慰她好好养病，待来年老姊妹在北京相聚。可董桂芳没能等到再次相见的那一天，两天后她溘然去世了。

"品德高贵明经天，雪侮霜欺香益烈"。这是她的子女对母亲不平凡人生的点评，也是激励他们前进征程中的丰碑。

（刘西平）

在与其他被捕红军一起被活埋的时候，他幸运地被五泉村的地主向其恒赎出得以活命。

蔡少英——流落后的沉默

蔡少英，男，四川省丹巴县人。1909 年他出生在一个贫苦农民家庭，祖上以小手工业为生。1933 年 2 月，巴中地区来了一支红军的队伍，他们张贴布告，发动百姓，打土豪，分田地，开始了轰轰烈烈的土地革命。

由于当时四川生产力水平低下，在红军反击国民党“三路围攻”的战斗中，部队所需的粮食及其他必需品明显不足。为避免来年与民争食的局面，1935 年 3 月，部队强渡嘉陵江开始向北发展。

嘉陵江以北是藏族聚居地区。已经 20 多岁本应娶妻生子的蔡少英因为懂藏语，是部队向北发展的急需人才，因此就被部队吸收参加了红军，在红九军第二十六师政治部当上了藏语翻译。其后参加了长征，先后三次爬雪山过草地。

1936 年 10 月，蔡少英随部队出征河西走廊。在征战过程中，曾参加过多次战斗。1937 年 3 月 12 日，在临泽梨园口战斗中他与部队失去联系，流落到临泽新华镇亢家寨，靠乞讨为生，后又流落到小屯乡五泉村靠讨饭打工为生。因与当地人口音不同，被马匪军发现抓走押送张掖。在与其他被捕红军一起被活埋的时候，蔡少英幸运地被五泉村的地主向其恒赎出得以活命，遂成为向其恒家的长工。在其后的 8 年中，他主要给向其恒放羊以偿还赎银。1945 年获得人身自由后流落曹庄，此后就落户曹庄，直到 1982 年 7 月去世，终年 73 岁。

蔡少英在曹庄生活的几十年当中，以务农为主，没有担任过任何职务。因此，他的生活经历与当地的农民没有太大的不同。要说不同就是在集体经济时代，因子女较多粮食不够时，他靠打小就学会的手艺为社里种菜、做豆腐来挣工分养活家人。闲暇时还拿起自制的捕捞渔具，到附近的河坝、阴沟捕捞当地人不屑一顾的小鱼以贴补生活，平安地度过了那段难熬的日子。

老年蔡少英(左)

1964 年，蔡少英开始享受国家民政补助。那时，县民政部门每月发给他 10 元人民币、两条纸烟票、两斤白糖票。十一届三中全会以来，随着党中央对流落西路军老战士的关注和重视，待遇补助逐年提高。但补助不论多少，他都毫不张扬地、默默地领受。在“文革”时期，蔡少英因西路军流落战士的身份也曾多次遭受过批斗。那时，武斗干将为了寻找批斗罪名，费尽周折，竟然将他年幼的次子在玩耍时不小心把大轱辘车用的膏油瓶碰翻，油溅到墙上毛主席画像上的事当作蔡少英“对党不忠、对毛主席不敬”的罪名多次进行批斗，还要他的妻子陪斗。被批斗回来的蔡少英从来没有说过一句抱怨的话，但却有过用自杀来抗争的念头。由于家人的高度关注，他最终默然地接受了这一切。在那个颠倒黑白的岁月里，这或许是蔡少英最无奈也最明智的选择吧！

左叶(后中)与蔡少英(前左)等流落红军合影

蔡少英在临泽生

在与其他被捕红军一起被活埋的时候，他幸运地被五泉村的地主向其恒赎出得以活命。

活期间，先后有过两次婚姻生活。1945 年他和曹庄二社何义明的长女何兰英结婚，并育有一女。1947 年何兰英病故。1953 年他又与小屯古寨的徐月英结婚，婚后育有子女 5 人，存活 4 人。目前，已 85 岁的徐月英老人还健在。据徐月英老人说，蔡少英对自己当红军的这段经历始终保持沉默。虽然他们共同生活了近三十年，但当笔者向她问起蔡少英是否向她及子女谈起过当红军的故事时，徐月英老人干脆地回答说：“没，从没谈过。”她还向笔者介绍说，蔡少英平时沉默寡言，不多与人交往，脾气、烟瘾都很大，每月两条烟有时都不够抽。

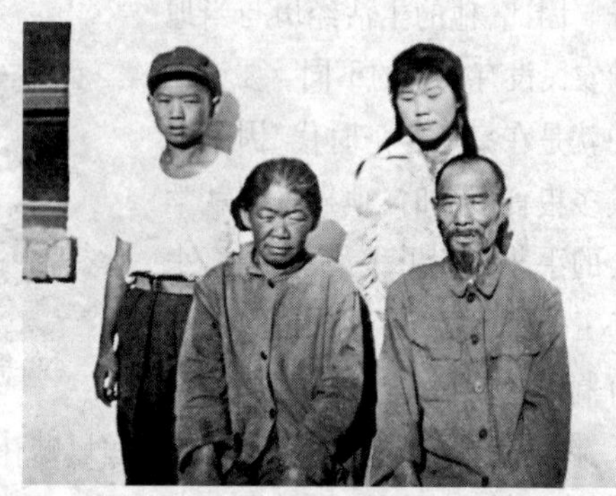

蔡少英一家

在部队作战时，他的腿部受过枪伤、刀伤，这些部位经常疼痛，常常要靠孩子们按摩来缓解。三年困难时期，由于挨饿的原因，蔡少英曾经动过回四川老家的念头，但由于家人的反对，没能如愿。他自己独自回过老家，仅月余就返回，回来后也没有向家人说过老家的状况。因此，他的子女对其老家的情况一无所知，至今也没有丝毫往来。

就这样，蔡少英在临泽的 45 年生命历程中，用沉默的人生态度，悄悄地融进了临泽的风土、人情和世故里。他之所以选择淡泊宁静的处世态度，恐怕是他认为与战友的捐躯相比，活着已经是万幸，还有什么比活着更重要的呢！

（孙　瑛　向增生）

符泽攀——与战友生死相伴

1986年1月18日，当甘肃电视台回忆中国工农红军西路军西征的电视纪录片《血染的道路》摄制组，踏着当年红军西征的足迹，来到高台烈士陵园寻觅那位亲历长征、参加西征，后流落高台并一直与先烈相伴的守墓人符泽攀时，看到的却是肃穆的灵堂、排列的花圈和低垂的挽帐。他们来晚了一步，那位老人已在日前与世长辞！摄制组的同志怀着悲痛而崇敬的心情，只好把镜头对准了这位红军老战士的灵堂、遗像……

符泽攀，男，1908年出生在四川省宣汉县黄石乡符家嘴一个贫苦农民家庭，从小拾柴放牲口。那时，被称为"天府之国"的四川，却在反动军阀的压榨之下，天府之民穷困交迫，苦不堪言。不仅苛捐杂税繁杂，田赋已加收至30年以后，而且鸦片种植泛滥，形成"三人行必有瘾君子"的局面，"一田一猴三头牛"是四川人民最高的愿望。加之军阀连年混战，兵过如匪，抽粮派款，抓丁拉伕，敲诈勒索；各地土匪，啸聚山林，打家劫舍。富饶的四川，变成了兵匪成患、百般盘剥、烟毒遍地、民不聊生的人间地狱，符泽攀从小就生活在这样的人间地狱里。

参加红军

1924年，四川有了中国共产党的地下活动。1928年，王维舟领导川东农民起义，建立了川东游击队和革命根据地。此后，蓬溪兵变、阆中起义、南江暴动、巴中斗争等农民革命运动此起彼伏，风起云涌，特别是川东北地区，革命运动更加势如烈火。

20世纪70年代的符泽攀一家

1932年8月，25岁的符泽攀，经组织的多次考验，被批准参加了地下党组织领导的川东农民赤卫军。这个一向沉默寡言的青年，跑交通，送密信，运粮款，传情报，以极大的热忱参加了革命斗争。1933年4月，经汤明清、曾绪清二同志介绍，他光荣地加入了中国共产党。同年10月，红军解放了宣汉，符泽攀被任命为宣汉县第六区苏维埃政府宣传科长，全身心地投入了发动群众、组建政权、禁毒禁烟、打击土匪等工作。随后，川东游击队和宣达地区农民赤卫军，合编为中国工农红军第三十三军，符泽攀正式成为一名工农红军，在红三十三军第二九三团当战士，并奉命在军政治学校学习一年。他先后参加川陕革命根据地反"三路围攻"和仪南、营渠、宣达三次战役及反"六路围攻"的艰苦转战。

1935年3月，符泽攀随部强渡嘉陵江，参加了红四方面军长征。1936年1月，红三十三军和红一方面军第五军团合编为红五军，他被任命为红五军第十五师第四十五团第一营第三连指导员。在党组织的培养教育下，符泽攀成了一名真正的革命战士。

流落生涯

1935年6月，中国工农红军一、四方面军在四川懋功会师，第二年

7月，红二、四方面军在甘孜会师北上，在此期间，符泽攀和他的连队在董振堂军长的率领下，攻青川、平武，占宝兴、天荃，打雅安、夺丹巴、过阿坝、抢班佑，三过雪山草地，浴血奋战。

会宁会师后，按照中央《十月份作战纲领》(即宁夏战役计划)，符泽攀随部占通渭、攻华家岭，切断了西兰公路。待红三十军于10月底强渡黄河成功后，又奉命进军靖远，随之渡过黄河。过河部队组成西路军后，符泽攀所在的红五军担任后卫，他参加了古浪干柴洼、土门、永昌水泉子等战斗。

1936年11月21日，符泽攀随部队攻占了山丹县城，脚跟未稳，尾追的马匪军骑兵疯狂扑向县城，红军出东门迎击，在暗门滩展开了激烈的战斗。战斗结束后，暗门滩一带人尸、马尸遍地。就在这次激战中，符泽攀不幸中弹负伤，被转送随军医院治疗，后转沙河总部医院。在医院治伤期间，他听到了高台失陷、红五军军长董振堂壮烈牺牲的消息，悲痛之极，坚决要求出院参战，但沙河亦遭敌人包围。1937年元月底，部队组织沙河突围，结果医院遭敌攻击，人员被打散。

1979年符泽攀(左三)与流落在高台的战友合影

符泽攀突围后与部队失散，隐藏在高台北山煤矿，在挖煤工人的掩护下，一面挖煤，一面治伤，使他痛心疾首的是从此与党组织和部队失去了联系。

符泽攀夫妇

1937年5月，形势逐渐缓和，马匪军对失散红军的搜捕不太紧了，符泽攀就用挖煤挣下的一点钱作资本，办了些布匹日用杂货，在高台黑泉一带走乡串户当了货郎。1940年他在高台羊达子与濮秀芳成家落了户。

民国时期，红帮盛行，地痞、流氓、恶霸纷纷加入，为韩起功及旧政权效力，符泽攀走村串户什么人都认识，1947年11月，在高台新坝乡由李永举介绍他参加了红帮，1949年12月，在取缔反动会道门时他与红帮脱离了关系。

继续革命

1949年9月24日，中国人民解放军第一野战军三军七师进驻县城，高台解放了！10月的一天，符泽攀和流落高台的17名红军战士，被七师首长请到高台县城，参加流落红军座谈会。符泽攀激动得热泪盈眶，喜不自禁。他见到了在红军队伍中一同战斗过的七师师长张开基，叙诉了西路军失败后流落的艰辛生活，并提出了继续革命的迫切要求。七师党委对这批幸存的革命同志视如珍宝，立即做出决定，在高台中学进行短期培训后，将他们中的部分同志分配到区、乡政府工

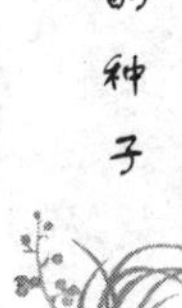

作，符泽攀担任了高台县第四区公所公安助理员。1950年春，他被送到酒泉地区干校学习3个月后，先后调任第三区民兵自卫队队长、定平乡乡长、第三区公安特派员。1955年10月撤区并乡后，又调永丰乡当干部。1957年，符泽攀已年过半百，他响应党和政府的号召，回乡参加农业生产。

与战友相伴

为纪念在高台浴血奋战而牺牲的红军先烈，经甘肃省人民政府批准，1957年在高台县城东郊修建了烈士陵园。陵园烈士公墓内，埋葬着高台血战中牺牲的部分红五军将士遗骨。1965年，符泽攀受组织委托，和两名工人来到烈士陵园工作，他们在荒滩上开垦土地，平整道路，修建住房，种植树木，开展陵园管理工作。他还把自己一直珍藏的一把海螺号、一条毛毯被单、一件羊皮夹袄，捐献给烈士陵园。他把这里当成

符泽攀(右)与杨克明的妻子魏俊淑(中)在一起

符泽攀向少年儿童讲述红军光荣传统

了自己的家，他认为到了烈士陵园，自己算真正归了队，他要长陪牺牲的战友，与忠魂相伴，做他们的守墓人。

在陵园工作的二十多年间，他接待了一批又一批前来悼念革命先烈的领导和群众、首长和战士；他向人们一次又一次地讲述着中国工农红军长征中爬雪山、过草地的峥嵘岁月，追忆西路军的悲壮征程和大无畏的革命精神，瞻仰者每每被感染流泪；他也把一次次的哭诉当作对死难战友的挽歌。

符泽攀为死难的战友整修陵墓，和烈士忠魂相伴了七千多个日日夜夜。他曾告诉身边的同志："每当夜深人静时，在陵园能听到欢呼声和歌唱声，好似部队围着篝火，战友们在尽情欢唱。"充分表达了他对红军先烈的怀念和对战友的深情。他的战友、流落在高台县新坝乡红沙河村的杨发才对他说："你是最幸运的人，能为烈士的忠魂守灵，白

天能看到首长的身影(指雕像和画面),夜晚能梦见战友,仿佛仍和千军万马在首长的带领下为不朽的事业而奋战!”

1986年1月12日,符泽攀走了!永远地走了!享年78岁。他回到了他的战友身旁,回到了他的队伍之中,他没有做出惊天动地的大事,没有担当什么高级职务,甚至连要求恢复党籍、要求重新入党、要求恢复干部身份也未能如愿,使他抱憾终生!但他却做到了一个红军战士应该做的……

(于宗明　杨万禧)

他忍痛拔下插在腿上的红柳枝，抓住一根芦苇，揪下苇花塞住了还在流血的伤口，爬过黄渠（现三清渠）向沙漠深处爬去……

傅呈祥——魂断黑河岸

傅呈祥，男，1905 年 10 月出生于安徽六安县徐集区晏公乡一个贫苦农民家庭，自幼务农。1919 年五四运动爆发后，六安县内各校学生先后集会游行，开展爱国宣传，号召抵制日货。六安学生在城乡宣传查封商店日货，14 岁的傅呈祥知道了抵制日货就是反抗侵略反抗压迫的道理。1929 年 10 月，他在安徽霍邱靳家庄参加中国工农红军，从此走上革命生涯。

战斗岁月

傅呈祥参军两年后的 1931 年 11 月，红二十五军归属新组建的第红四方面军。由于傅呈祥英勇顽强，在部队里先后担任过班长、排长、连长、营长等职。到 1932 年 10 月，红军第四次反“围剿”遭到失败后，部队被迫撤出鄂豫皖根据地西征转移。傅呈祥所在的红七十三师也离开了鄂豫皖根据地，越过平汉铁路西进入川，开辟川陕根据地。

1933 年 2 月，他参加了反“三路围攻”的战斗。7 月，红四方面军扩编，傅呈祥被调任红三十军第八十九师第二六九团担任副团长兼二营营长。1935 年 3 月，他随部长征，爬雪山过草地，经历了数次艰险战斗和懋功会师、毛儿盖会师。

据他本人回忆：当他们走进毛儿盖时，经过长途跋涉的他们，衣裳褴褛，面色青黑，大多数战士的裤管和衣袖已经烂成了布条条，根根肋骨露在外面，病弱者手持木棍，慢慢向前移动，其间还要对付敌人的追击。就在这个过程中，他曾 7 次负伤。

会宁会师后，红四方面军的第五军、第九军、第三十军及总指挥部奉命渡河西进。傅呈祥所在的第三十军是抢渡黄河的先遣部队，作为红三十军西征前卫营营长的傅呈祥率部承担了开路先锋的任务。在景泰一条山战斗中，傅呈祥左腿受伤无法行走，部队转移时他是被担架抬到临泽的。

他记得到临泽城（现临泽蓼泉镇政府所在地）是 12 月 30 日的早饭后，由于他伤势重，刚到临泽他没有参加战斗。半个月后，他的伤势有所好转，他拄着战友给他找来的一根木棍，上城头指挥战士搬运石头、瓦块、木料以防备马匪攻城。为了争取时间，等待红三十军来增援，守城将士尽量避免和敌人正面交锋，但战斗形势却日渐严峻，数十倍

1957 年傅呈祥给干部们讲红军长征的故事

他忍痛拔下插在腿上的红柳枝，抓住一根芦苇，揪下苇花塞住了还在流血的伤口，爬过黄渠（现三清渠）向沙漠深处爬去……

于我军且装备精良的马匪部队，凭借山炮等重武器的威力，终于把临泽城轰开了几道豁口。高台失守的消息传来后，临泽部队秘密撤退。

1937 年 1 月 22 日深夜，按照部署，留下警卫班战士打掩护，其他人员撤离了临泽城。当傅呈祥和战友们走出临泽城不远，就被早有防备的敌人发现了，枪炮声骤然而起，先头部队在南沙窝已和敌人交上了火。这时，傅呈祥骑马出城行至城东南接官厅附近的结了冰的湖滩时，战马中弹倒在冰滩上，他被重重地摔了下来，腿伤复发，无法行走。这时，欲抢占临泽城的匪兵蜂拥而至，一个匆匆行走的匪兵在他身上拌了一下，这个匪兵回过头来，不知是有意还是情急之中，用手里提的马刀刀背在他后脑勺处狠狠地砍了一下，傅呈祥昏死过去了。这一刀，除给他后脑勺处留下了一道长长的疤痕外，还使他的双眼变红，眼球凸出，给他以后的生活带来了无尽的痛苦。

当他再次醒来的时候，他的右下肢股骨侧还在流血，而且在弹洞处插着一根红柳枝，这时偶尔还能听到稀疏的枪声，四野显得空旷而凄凉。他意识到：自己掉队了！

1956 年傅呈祥（四排左八）参加全国供销合作社第一次先进工作者代表会议时与毛泽东等党和国家领导人合影（部分）

流落后的艰难生活

为避免落入敌人魔掌的命运，傅呈祥忍痛拔下插在腿上的红柳枝，抓住一根芦苇，揪下苇花塞住了还在流血的伤口，爬过黄渠（现三清渠）向沙漠深处爬去……

不知道爬了多长时间，疼昏过去了几次，在太阳快落山的时候，他爬到了许家地湾的一个破土地庙内，再次昏睡过去。

在庙内，脑伤使他无法睁开双眼，炸开似的头疼，两腿疼得更让他撕心裂肺。已是一天两夜滴水未进了，第二天早晨，他静听外面已无啥动静时，就试探着爬出了庙门。就在此时，一个中年男子看见了他，走过来上下打量了一番后告诉他，马匪兵昨天在这一带挨家挨户搜捕红军，今天再没来，并叮嘱他哪里都别去，安稳在这里蹲着。就在傅呈祥担心这人会不会出卖自己时，这位大哥不一会又来了，他从衣襟下掏出两个糜子面做的馍送给了他。后来他才知道，这位好心的大哥叫许长年，是当地的一个富人。就是这两个救命的馍和这位许大哥给傅呈祥鼓起了活下去的勇气，从此，许家地湾的破庙或破窑洞就成了他的栖身之所。

他忍痛拔下插在腿上的红柳枝，抓住一根芦苇，揪下苇花塞住了还在流血的伤口，爬过黄渠(现三清渠)向沙漠深处爬去……

许家地湾地处临泽县城南十里沙窝边上，地处偏僻，四处白漫漫一片盐碱滩，只有十几户人家，自傅呈祥流落当地后常有好心的人给他施舍吃食和救他于危难。一日，唐家湾的闫兴凤赶牛车去崔家崖拉沙，路过一座破砖瓦窑时听见里面有人呻吟，闫兴凤探头往窑内一看，见一个人蜷缩在窑内，脸色苍白，浑身发抖，说他腿疼难忍，求大哥救他，这人就是傅呈祥。出于同情，闫兴凤将傅呈祥接回了自己家，在他家调理数日后傅呈祥就可以走路了。这次相识后，傅成祥就与闫兴凤常来常往。

像给他一碗两碗饭这样搭救过他的人家他记不清有多少了，但他记得一次在一家讨要时，马匪来搜村，主人情急之下将他藏在了还在冒烟的板炕洞里，才躲过了劫难。他还记得有一次，好心的许长年留傅呈祥在家吃饭，不巧的是，许长年的小舅子赵某来看望姐夫发现了傅呈祥。他一边指责姐夫不该留傅呈祥在家吃饭，一边辱骂傅呈祥是土匪。当傅呈祥给他讲道理时，他不但不听，还扬言要报官抓他。在许长年的再三劝说下，赵某脱下了傅呈祥脚上的鞋扔到房上并撵他离开了许家地湾，又算是躲过了一劫，但他也暂时告别了靠许家地湾这十几户善良乡亲救助的日月。

由于伤口没有痊愈，行动十分不便，傅呈祥过了一段时间后又回到了民风淳朴的许家地湾。一天，民团大队长魏延年带领团丁来到许家地湾搜捕红军，他知道傅呈祥在这里，但没有抓他，还偷偷告诉他别在县城附近走动，叫他到离县城远一点的黑河南岸鸭翅渠一带去。就这样，傅呈祥又辗转来到了昭武一带。

傅呈祥来到昭武后，先是给地主杨学勤看场院，住在大门外的尖顶庄廓子里(当地农民打麦场上修建的场房子)，时间不长，他先后又去地主杨学亮和魏玉明家干零活为生。就这样，傅呈祥实际上过着衣不遮体、食不果腹、居无定所，冬天以场房子为屋，夏天以破庙当室的日子。

两三年后，随着国内形势的变化，流落红军的处境有所好转，当地群众不再避嫌他们，傅呈祥虽然仍以乞讨为生，但生存的空间和环境有了变化，个别富人们不再纵恶狗相伤、白眼相待了。他租了当地农民张希胜家的一间破屋，算是有了一个安定的住处。他的救命恩人闫兴凤又将自己死了丈夫的小姨子、也就是几年前搭救过傅呈祥性命的许长年的女儿许兰英介绍给他。1942 年，傅呈祥和许兰英在他的这间破屋里成了亲。时年，傅呈祥已 37 岁。

俗话说，嫁给石匠上山，嫁给柳条匠编筐。许兰英嫁给了叫花子，也只能跟随丈夫拉杆要饭，傅呈祥乞讨的路上又多了一个伴。自从夫妻俩同时讨要后，傅呈祥就把讨要的地点转向离家较远的五泉、华强、张湾、小鸭一带。就这样，夫妻俩靠讨要养活陆续出生的两男一女三个孩子，一家人的生活随风雨飘摇。

参加新中国建设的荣光

临泽解放前，他已有了 4 个孩子成了 6 口之家，他将那一间破房打了一堵隔墙一分两半，住在里面。1949 年 5 月，由苏生贵介绍傅呈祥重新加入了中国共产党。自解放后，他先后被组织任命为昭武农会主任、昭武乡乡长。土改时，他分得地主王多三家的房子和土地，但他又给了其他无房无地的穷苦人，后来他又租种了昭武王玉福家的一亩六分地。由于他的辛勤劳作，生活不但安定而且还略有剩余了。傅呈祥并没有忘记当地百姓的恩情，看到谁家缺粮少食了，他就或送或借来接济他们。

1952 年 8 月，傅呈祥担任了昭武（今鸭暖乡）供销社主任。新生国家，百废待新，物资尤其匮乏，供销工作极其繁忙。为此，组织上还为他配发毛驴一头，作为出行工具骑乘。由于孩子多，又忙于公务，家庭无

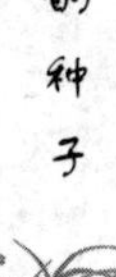

他忍痛拔下插在腿上的红柳枝，抓住一根芦苇，揪下苇花塞住了还在流血的伤口，爬过黄渠（现三清渠）向沙漠深处爬去……

傅呈祥（前右）与同事们合影

法照顾，为此，他向当地人张希胜等人购买了10亩地，并请无依无靠且靠乞讨过日子的同村人李存孝给他帮工，还将自己的内侄女嫁给李存孝，为他成了个家。农业合作化运动开始后，傅呈祥积极响应党的号召，将土地及其他生产资料折价入社，并将李存孝一家送回了老家。

在乡供销合作社工作中，由于工作出色，1956年傅呈祥出席了甘肃省供销合作社先进工作者会议，7月又光荣出席了全国供销合作社先进工作者会议，获中华全国供销合作联社颁发的奖章。1957年，组织上任命他担任临泽县供销合作社主任。1958年5月及1959年5月他又先后两次出席甘肃省先进生产者代表会议，1959年10月出席了全国工业、交通、基建、财贸先进集体、先进生产者代表大会。后来由于管理体制的变化，撤消了临泽县，他又改任高台县蓼泉商店党支部书记。1962年，他任鸭暖供销社主任、党支部书记、中共鸭暖公社人民委员会委员。1963年4月，年载60的傅呈祥光荣退休。1964年元月，傅呈祥因战争受伤之故，左手食指和手掌骨筋萎缩，活动有障碍，经人民政府鉴定为三等甲级残废，被批准享受残废军人待遇。

魂断黑河岸

退休后的傅呈祥回到了农村。那时，严重困难时期虽然已经过去，但生产力水平极其低下的西部落后地区的生活实际仍然艰辛。早在1962年,组织上就让他把全家搬到城里居住,但他考虑到退休在即,家庭人口又多,他不想给国家增加负担,就放弃了多少人梦寐以求的城市户口。所以,退休后他毫不犹豫地回到农村,继续与家人一起在耕田种地,为国家出力。

按常理,接下来的生活应该是安享晚年,可是傅呈祥退休后的务农生活仅仅过了一年半。1964年11月,省委派驻临泽的"社教"工作组进驻昭武,在发动群众清理集体账目、仓库、财物和工分的同时,清理阶级队伍,清查批斗"四不清"干部和党内的蜕化变质分子。傅呈祥因为解放后雇过工,有剥削行为,自然是"新生的资产阶级分子"。另外,在那个"怀疑一切,打倒一切"的年代里,他也被人怀疑贪污过供销社的商品、物资等,有人甚至告发他在家挖了几口窖,窖里就藏着贪污来的物资。工作组两位领导还带人在他家房前屋后进行了全面的搜查,用钢筋棒到处乱戳,但最终也没有搜查出所谓的"赃物"。

尽管一无所获,但他的"新生的资产阶级分子"的罪名是成立的。所以,当时他被昭武乃至鸭暖公社作为重点批斗对象揪斗并限制了人身自由,集中在大队专门交代问题,有持枪的武装民兵看押。倔坚的傅呈祥曾多次找工作组负责人陈述他跟随毛主席长征爬雪山过草地的革命身世,也曾脱了衣服让工作组的同志看他身上在战争年代的枪林弹雨中留下的累累伤痕,可惜无人理睬。性格梗直的傅呈祥认为自己爬雪山、过草地,经历了无数次战斗和困难都没有被吓到,现在怎么能做违纪违法对不起人民的事呢！他说啥也想不通。

1964年农历11月初三那天晚上,傅呈祥被允许回家吃饭。饭后,他找人剃了光头,让心爱的大女儿打来洗脚水洗了脚,穿上了他1956年7月光荣出席全国供销合作社先进工作者会议时的那件衣服,去参

他忍痛拔下插在腿上的红柳枝，抓住一根芦苇，揪下苇花塞住了还在流血的伤口，爬过黄渠（现三清渠）向沙漠深处爬去……

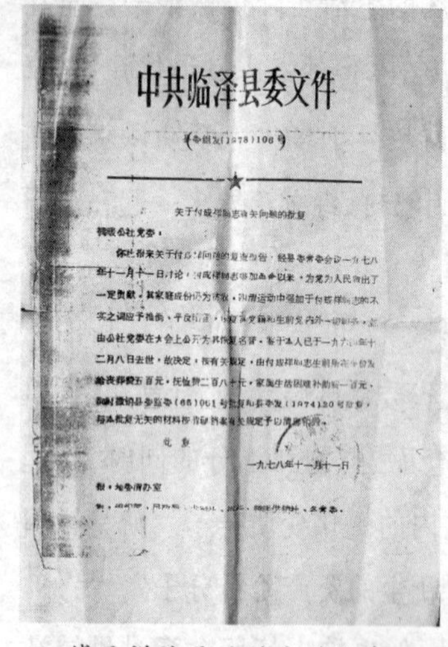

中共临泽县委文件

此复

一九七八年十一月十一日

傅呈祥被平反的文件批复

加乡上召开的批斗会。会后，他没有回家，就在那个漆黑寒冷的深夜，在家人四处寻找的呼喊声中，他用一把早已准备好的老式剃头刀从容割颈，结束了他仅60岁本该顽强的生命，用他选择的方式，为他的信仰流尽了最后一滴血。

傅呈祥死后，罪加一等：他被定为"党内新生的资产阶级分子"并被开除党籍，家庭成分由原来的贫农重新定为漏划上中农。

1978年，各种不公正待遇开始纠正，傅呈祥的子女开始为父亲洗刷冤情而奔波。经多方奔走，终于在1978年的7月，中共临泽县委[1978]106号文件批复，发给傅呈祥丧葬费500元，抚恤费280元，家属生活困难补助费100元，并在公社召开的三级干部会议上为傅呈祥恢复了党籍，撤销了处分，恢复了名誉。

（孙瑛　杜建功　向增生）

为了使黄三明的伤尽快好起来又不被人发觉，周成文夜间把他抬出放在热炕上，白天再把他关进草房里。

黄三明——边家庄的鞋匠

黄三明，男，四川省仪陇县兴隆塘葛家山人。1914年他出生在一个贫苦农民家庭，家中有父亲、母亲、弟弟黄三成和两个妹妹。全家6口人，“地无一犁，房无片瓦”。全家靠父亲给地主拉长工、母亲打短工度日，生活过得十分艰难。为了能减轻点家庭负担，8岁那年，他就给当地地主放牛。“做活没工钱，只管吃个饭”。自个儿混自个儿，这是当时地主使唤山里娃的规矩。

1932年，他已长成了18岁的大小伙子，体壮膀粗，浑身都是力气。给地主拉长工年底才给工钱，当时，山区缺少食盐，他瞅准这个行情，干起了贩卖食盐的生意。现买现卖，既能兑换点粮食，又能赚上几个小钱，比给地主拉长工划算。贩卖食盐也不容易，从葛家山到仪陇县，从仪陇县到葛家山，两头不见太阳，往返近百里路，大半还是山路，挑上百把斤食盐，双肩被压得红肿，还要走寨串户叫卖。有时烈日当头，衣服被汗水牢牢贴在了身上，苦累不堪。但是，累有累的好处，苦有苦的收获，他进的城多了，走的寨多了，见识的人多了，自然各方面的消息也就多了。“红军是贫苦人的队伍，专打土豪劣绅，为天下贫苦人谋利益”的故事，他听到了很多，他悄悄地给山区朋友讲，并暗暗下决心寻找红军。终于，1933年7月，红军来到了仪陇县，建立了仪陇县红色政权，他报名参加了红军，被编入了兴隆塘红军游击队，成了名副其实的红军战士，踏上了革命道路，实现了他的愿望。

他是本土人，山熟、路熟、寨子熟，人也熟，在乡苏维埃政权领导下，他深入山寨、农户，宣传党的政策，发动群众减租减息，惩治恶霸势力，消灭地主武装，动员青年参军，壮大革命力量，保卫红色政权。由于他立场坚定，作战勇敢，1933 年底，被调到仪陇县保卫局工作。1934 年他加入中国共产党，又先后在通江总保卫局、陕西绵县八五营一连三班当战士。期间，他参加了川陕革命根据地的反“三路围攻”，以及仪南、营渠、宣达三次战役和反“六路围攻”的艰苦斗争。部队强渡嘉陵江随红四方面军开始长征后，他奉命调入红三十军第二六四团第一营参谋部当传令兵，后调入骑兵师当班长，1935 年过草地时黄三明腹部负伤。会宁会师后他随部队渡黄河西进，又参加了古浪、凉州、永昌和山丹等多次战斗。部队征战河西走廊到临泽倪家营后，他又随总部返回到张掖甘浚堡和西洞堡，在西洞堡战斗中右额负伤。

1965 年黄三明(后右一)在张掖地区流落红军座谈会上

1937 年 1 月 27 日，黄三明随骑兵师一个团奉命到武威驮运子弹，东返龙首堡，被马匪军围困于堡子中，部队在堡子内休整了一天。第二天子夜，一排士兵用刺刀在堡子西南角挖了一个大洞门，马蹄用毡包裹，一团骑兵悄悄跑出洞口，向民乐境内的洪水城速进。拂晓，马匪猛烈攻打，打到太阳出山，发现堡中动静甚小，登梯观察，已人去堡空。突围出的骑兵们飞奔洪水城，乘夜黑人静，攻城营救被俘的一百多名红军。突然，一颗子弹飞来，打中了黄三明的右小腿，胫骨被打断，虽经简单包扎处理，但因流血过多，加之连痛带饿，黄三明昏迷了。当接到总部让骑兵紧急撤退的命令时，黄三明已无法随军行动，部队首长暂把他寄放在民乐永固邓家庄的一个空场房内。第二天，被农民邓怀俭发现，给他送水送饭。听到消息，邓家庄群众偷偷前来看他，有的拿个馍，有的送点饭，老年人更是同情他，不停地抹眼泪。第三天，他被地痞邓怀璧发现，并骗取了他身上带的烟土一斤，还图谋将他背到无人处饿死。邓怀璧斥

为了使黄三明的伤尽快好起来又不被人发觉，周成文夜间把他抬出放在热炕上，白天再把他关进草房里。

责邓怀俭窝藏“共产”，威逼邓怀俭用毛驴把黄三明驮到荒郊野滩沟抛弃。当时，正是腊月月末，气温在零下二十多度，黄三明强忍伤痛饥饿，在当地农民吴创国的帮助下爬到杨家楼庄子山上一窑洞内躲藏。天寒地冻，腹饥难熬，伤口恶化，生命垂危。幸好，元墩子村牧羊娃周明贤放羊路过，听到窑洞内有凄惨的呻吟声，跑进去一看，洞内躺着一个衣衫褴褛、腿带枪伤的人。牧羊娃敏感地意识到这是个红军，他忙跑去告诉他的父亲周成文，周成文得知是落难的红军，叫儿子不要声张。因天寒地冻怕黄三明性命难保，他先偷偷地送去了一罐子热饭，乘天黑人静时才把黄三明抬到了自己家中。因黄三明受伤时间过长，两手两脚也已冻伤，枪伤已经感染化脓。周成文把黄三明当作自己的儿子，先给黄三明填饱了肚子，然后用青盐水清洗伤口，又用盐水浸泡过的布条重新包扎，将黄三明藏入了自家的草房中。每天晚上，周家人用辣椒水给黄三明泡双手和双脚，周成文又让妻子拾来黑牛粪反复滚煮，晾温后厚抹在黄三明的双手和双脚上，来为黄三明根治冻疮，每天晚上重复一次。为了使黄三明的伤尽快好起来又不被人发觉，周成文夜间把他抬出放在热炕上，白天再把他藏进草房里，还特意从亲戚家借来白面给黄三明做饭吃。十多天以后，黄三明的冻伤全好了，枪伤虽有转机但脓水还不断流出。

世上没有不透风的墙，马匪队伍又搜查得很紧。一个多月后，地痞邓怀璧处心积虑想图谋害死黄三明，打听到黄三明在周成文家里，就报告民团团长赵长贤派团丁去抓。因周成文事先早有防范，让其子周守贤将黄三明背出庄外，在深沟里隐藏，民团

1984 年黄三明(前排右一)在流落红军座谈会上

扑了空，气急败坏地走了。不久,匪徒再次闯进周家,捏造说周家私藏“共匪”,私藏枪支,勒令周成文交出黄三明。一个多月后，黄三明被人发现告密,县民团派团丁把他和周家父子用牛车押送到县城，关押在衙门班房内,捆绑吊打。为搭救红军战士黄三明,无奈之下,周家父子忍痛卖掉了家中仅有的一头耕牛,送给民团团长赵良圣白洋50元,黄三明才被获释。伤口还流脓的黄三明行动不便,民团把他投放到了柴草棚内,每天给点剩饭剩汤锅巴糊口。民团解散后,他又被抛到一个仓院的墙根下,被临近的曹斌发现。曹斌不敢在家中收留他,每天送点饭让他活命。五个多月后,洪水城东街的藏统德路过,看他难行,给他做了两个拐杖。此后,他每天拄着拐杖在街头、村头乞讨度日。

1986年黄三明(后左一)在张掖地区流落红军座谈会上

1938年的一天,他讨饭到了朱子贵的家门。朱子贵是个皮匠,看他憨厚老实,虽然干瘦,看上去还有精神,就收他做皮匠徒弟,后来又收他做干儿子。他的伤口仍然肿胀,营养跟不上,疮口仍流脓水。朱子贵用皮硝(芒硝)浸泡过的白布避开脓口包敷在肿胀的地方去腐消毒,每天一次。这个办法还见了效,月余,黄三明的伤腿肿胀已消,疮口也逐渐愈合,但留下了右踝关节僵硬、终生瘸行的残疾。

黄三明虚心好学,尊敬长辈,热情待人,朱子贵很喜欢他,只半年时间,就把如何腐熟生牛皮、生羊皮,怎样做牛皮鞋、怎样锥鞋的技术全部传授给了他,他成了当地有名的皮匠和鞋匠。

1947年秋,经人介绍说合,他由邓家庄插门南丰边家庄与杨浩春遗孀吴氏结合,抚养吴氏两男一女。后来,黄三明与吴氏又生得两男一女,全家8口人全靠他做皮匠、做鞋、锥鞋维持生活。如今,养子杨文

为了使黄三明的伤尽快好起来又不被人发觉，周成文夜间把他抬出放在热炕上，白天再把他关进草房里。

科、杨文高，养女杨月英及生子黄元文、黄元兴、生女黄元凤均已成家立业，以务农为生。

1949 年民乐解放，苦苦盼望的日子终于来到了。消息传来，黄三明格外激动，兴奋不已，不顾腿瘸走路困难，走村串户挨人相告，彻夜不眠。1952 年土地改革，他分了粮、分了地，还分了耕畜，真正当家做了主人。从此，他在自己的土地上耕耘、收获。1958 年 9 月，他被评为积极分子，民乐县政府给他奖励床单一条、毛巾一条、茶缸一个、荣誉奖状一张。他参加了张掖专区肃反代表大会，愤怒声讨了当年杀害红军的刽子手。当年他落难邓家庄时保护救治过他的周成文、周守贤父子被评为“保护红军有功人员”，受到张掖专区的奖励。同年，他回了一趟四川老家，看望了老父、老母及弟妹，此后，他的弟弟黄三成曾三次来民乐县南丰乡边家庄村看望他。

1965 年 2 月和 1979 年 1 月，他两次出席了张掖专区流落红军代表座谈会。从 1982 年起，他每月享受流落红军补助，1984 年，根据《革命残废军人优待抚恤暂行条例》，经政府综合鉴定，黄三明为三等甲级残疾，发给他伤残人员补贴。

1988 年农历 8 月 20 日，黄三明走完了他人生的第 74 个春秋，静静地长眠在了边家庄的黄土地上。

黄三明(左二)与流落红军战士在一起

（余生元）

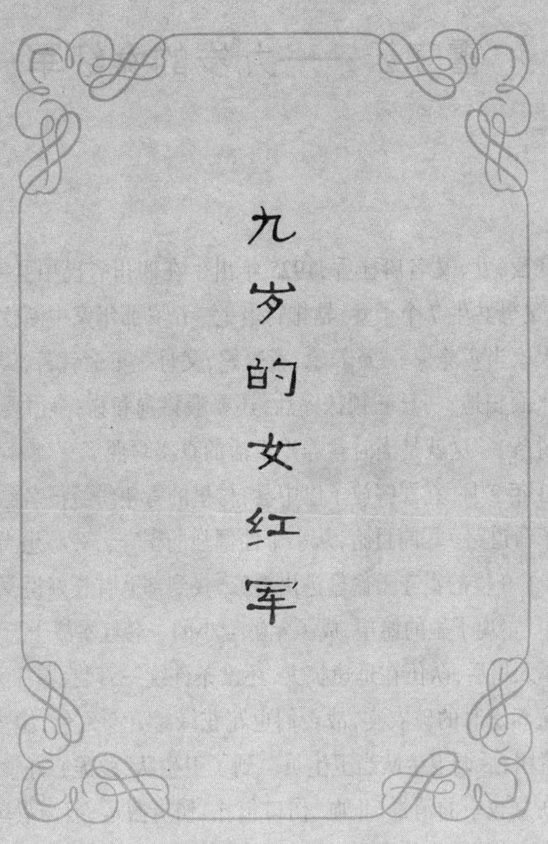

九岁的女红军

唐文其救霍守云，一是看她年龄小，怪可怜的，二是遵从父愿，给父亲找个使唤丫头。

霍守云——九岁的女红军

霍守云，女，又名唐桂香，1925 年出生在四川省巴中县一个贫苦农民家中，父母共生 7 个子女，她排行老七。6 岁那年家中断炊，父母就把她送给人家当童养媳。“童养媳，童养媳，父母生下命就苦，天才麻麻亮，就去端水洒扫地；一日三顿抹锅灶，还要喂猪狗和猫；事事要当心，谨防拳脚加树条。”这就是当时童养媳生活的真实写照。

1933 年 2 月，红军解放了巴中县，村里的青年纷纷报名参加了红军，走上了革命道路。耳闻目睹，从小个性倔强的霍守云一心想当一名红军，1934 年，才 9 岁的霍守云偷偷逃出婆家，找到部队首长好说歹说，报名参加了红军，实现了她的愿望，成了年龄最小的一名红军战士。

红军入川后，队伍在迅速扩大，还没条件统一着装，霍守云仍穿着在婆家当童养媳时的破衣裳，战士们也花花绿绿五颜六色，她先被编入三十军儿童团，后调卫生队当卫生员。到了卫生队，她虚心好学，很快就掌握了战伤急救中的消毒、止血、伤口包扎、伤员搬运、煎汤熬药和洗衣缝补的技能。护理伤病员周到、细心，不怕脏，不怕累，受到首长和战士们的好评。小小年纪，就经历了川陕革命根据地反“六路围攻”等艰苦斗争。

1935 年 3 月，部队强渡嘉陵江，她跟随红四方面军长征。每天吃饭时，她从被雨淋湿的结成硬块的袋中取出一块青稞面疙瘩，让周围的战士看一看再泡进野菜汤里，这样互相监督，限制干粮的消耗量，防止没走出草地就断了口粮。

1936 年 10 月，霍守云跟随部队抵达甘肃会宁，参加了红一、二、四方面军会师。同月，她随军从靖远虎豹口渡黄河天堑，又参加了一条山战斗。组成西路军后，她参加了永昌、山丹、张掖西洞堡、临泽倪家营等战斗。

1937 年 2 月，敌人向倪家营展开全面进攻，战斗异常激烈残酷，部队不得不向威狄堡转移。因威狄堡地形不利于防守，部队又星夜退回倪家营，途中，霍守云与部队失散。与部队失散后的霍守云十分紧张和恐慌。在部队，尽管战斗残酷激烈，但有姐妹们在，有战友们在，搬砖、运石、垒屏障、挖地壕、救治伤员，她心中有一股劲，有一种力量支撑着，天塌下来也不怕。现在，失去了部队，霍守云好像失去了爹娘，孤苦零丁，除了远处偶尔传来的零星枪声，眼前一片黑暗。年仅 12 岁的她手里没有枪，只有一把刀。她拽起了刀，茫然地向前走去，走了不多时，前面隐隐约约有两个人影在晃动，她断定是自己的同志，浑身一下子来了劲，快步赶了上去。即将接近，前面的人机警地转过身来，她用四川话叫了声"同志"，那两人顿住了。原来是自己人，难友相见，三人紧紧地抱在了一起。

三人互相搀扶着走到了一条干涸的深沟，趴在沟底，藏了一天。马匪军急于围攻返回倪家营的红军队伍，无暇顾及搜山，他们安全度过了一天。夜晚，他们三人互相搀扶着向西南方向走去，穿过了甘浚滩和西洞滩，走到了一个叫龙家坡的地方。龙家坡是个靠山偏僻的小村庄，

1958 年张掖县流落红军座谈会合影

唐文其救霍守云，一是看她年龄小，怪可怜的，二是遵从父愿，给父亲找个使唤丫头。

大约有三四十户人家，他们试着敲开了一家老乡的门，家里有两个大人和半炕孩子。红军在西洞堡打过胜仗，还往返过几次，这家人亲眼看见过红军打马匪救穷人的场面，他们很佩服红军。女主人煮了洋芋给他们吃了，并装了一大碗炒面送给他们，又拿出旧鞋底，鞋头向后给他们牢牢绑在脚上，三人继续行走。天快亮时，他们来到了黑河岸边，那里有个渠洞子，他们钻了进去。太阳落山时，他们刚爬出洞口，就被把守龙首堡的马匪搜山队发现。霍守云一骨碌爬进了白刺蓬底下，另两名战士连滚带爬跑到了坡谷，匪骑紧跟着追了上来，又向下追去。不一会功夫，霍守云听到了闷闷的枪声，她的心“咚咚”跳个不停。夜静下来了，她爬出白刺蓬，找到枪响的地方，一位受伤的战士已经牺牲，另一位战友可能被马匪带走。她使劲把这位牺牲的战友拉到一块比较干净的地方，身上盖了些杂草，然后带上难友手中的一颗手榴弹，摸黑走着。

过了黑河天已发亮，她砸了许多冰块装在袋子里，又找了一处洞子藏了起来。就这样昼伏夜出，一个人在山沟里转悠着。渴了啃点冰，饿了也啃点冰。忽然有一天，她听到了一声羊叫，顺着羊的叫声她找到了一位牧羊老人，老人看她还是个孩子，十分可怜，从怀里掏出了自己留吃的洋芋给她。老人告诉她，马匪搜山的风声很紧，白天不要再出来。离这三十多里的地方，有个药草洼，那里煤窑很多，可以藏身。到了夜晚，她顺着沟

1973年张掖县流落红军座谈会合影

蹙往前走，在路上碰上了一个叫陈加清的四川籍战友，他们按牧羊老人指的方向走到了一处遍地荒草、地势宽缓的山洼地，这就是药草洼。

1979 年张掖县流落红军座谈会合影

在药草洼，霍守云和陈加清被前来请唐文其去应卯的民团自卫队队员徐自忠发现。唐文其是韩起功为搜捕流散红军任命的稽查，是徐自忠的顶头上司。因此，他命徐自忠带陈加清去了一亩地（地名）交差，自己把霍守云带进了窑洞交给他的姑妈，并叮嘱他姑父、姑妈要守口如瓶，好生照管，千万不要走漏半点风声，否则，霍守云的人头将被砍掉，他们几个人的脑袋也保不住。

唐文其家住龙渠乡白城村，唐文其的父亲唐存银，年已七十多岁，生有四个儿子，都已成家立业，在当地家大业大，名望也大，老伴已经过世，起居需人照顾，早就叮咛儿子给他找个使唤丫头，只因兵荒马乱没个合适的。如今的这个红军丫头不就是现成的使唤丫头吗？他趁夜静时，和姑父秘密把霍守云藏在了一煤窑的通风口处。

霍守云在煤窑里住了一段时间，转移了几处窑洞。一天，唐家的马车来拉煤，唐文其的姑父把霍守云藏在马车里，乘夜黑送到了白城子的唐家。

唐文其救霍守云，一是看她年龄小，怪可怜的；二是遵从父愿，给父亲找个使唤丫头。其实，他也结婚十多年了，男女半个未生，于是让自己的女人把霍守云收为干女儿，嘱其耐心调教，并改名“唐桂香”。唐桂香每天按时给干爷爷端茶倒水，跟干妈学习针线，处处小心，也处处留意，时日不多就学会说张掖话。

唐文其救霍守云，一是看她年龄小，怪可怜的，二是遵从父愿，给父亲找个使唤丫头。

两年后，唐存银辞世了。1941 年，唐文其把 16 岁的唐桂香许配与他在龙渠乡高庙村的外甥王玉其结婚。1943 年，唐桂香有了孩子，起名王爱国。

解放后，征战河西的流落红军、灰条沟的挖煤工任廷栋任张掖县八区副区长后，于 1950 年推荐唐桂香担任八区妇女干部。上任前，丈夫王玉其又让改叫原名“霍守云”。此前，唐文其收留她时，她只告之姓霍，其余什么也没说，后来，亲戚们叫她“王姐”“王姑妈”，邻居们叫她“王嫂”“王婶”，有的叫她“王红军家”“唐红军”，并没有人知道她的真名。

土地改革时，要划分阶级成份，唐家虽已败业，王玉其家仍被定为地主，霍守云没有文化，加之家中是地主成份，只得回家务农。丈夫王玉其先后在龙渠的药草洼、西武当、白城和小满的黎明、石桥、张寨等教学点任教。1957 年反右期间，因有极右派言论，王玉其被打成极右分子，先后遣送到永昌土佛寺农场、玉门黄花农场、新疆伊宁霍城县开耕沟农场改造，抚养五个子女的重担全部压在了霍守云一个人的肩上。

三年困难时期，她的两个小儿子先后饿死，她因吃榆树皮面造成大便燥结不通，加之长时期的营养不良，浑身浮肿，最终于 1960 年春病故，年仅 35 岁。

1984 年吴建初(左五)与张掖部分流落红军合影

(余生元　卜　忠)

一天，孟继传在蓼泉街讨饭行乞时，被鲁举老收容养活，算是有了一个养伤的稳定居所。

孟继传——南归的孤雁

1984年秋末的一天，我骑着自行车从县城出发专程去平川乡芦湾村登门寻访西路军老战士孟继传，邀请他参加甘肃省党史征研委在张掖地区召开的红西路军史料座谈会。经过近三个小时的时间，走了40公里路程，终于在村人的指点下，我走进了一间黑乎乎的低矮土屋，见到了弯腰驼背、身材矮小的孟继传。年已70岁的老人，穿着与当地农民没什么两样，由于是一个人生活，屋里的境况很是凄凉。我开门见山说明来意，并请他谈谈参加红军以来的经历，不知是不愿谈，还是陷入了沉思，老人好久好久都没有开口。经过一番劝慰，老人终于打开了思绪，向我讲述了他孤苦的人生经历。

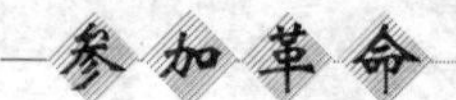

参加革命

1914年2月的一天，湖北黄安(今红安)县紫云区盒家岔村一孟姓人家，一个男孩子呱呱坠地了，为这个贫寒家庭带来了少有的喜气。也许是因为孟家从此后继有人了吧，这个男孩得名孟继传。尽管家贫，但孟家还是省吃俭用，把孟继传送进了私塾。1927年11月，爆发了黄(安)麻(城)农民武装暴动，起义的枪声唤醒了大别山区的劳苦大众。14岁的孟继传参加红军不够年龄，只好先加入少年先锋儿童团，巡逻放哨，侦察敌情。1929年3月他正式参加了红军，在第四方面军第十一师政治部，随军转战在鄂豫皖革命苏区，并于1931年10月加入中国共产党。国民党向苏区发动第四次“围剿”后，部队逼迫进行战略转移，红军由河南入秦岭、进四川，建立川陕革命根据地，期间他多次参加战斗。1935 年他参加了两万五千里长征，1936 年 10 月会宁会师后随军渡河西征。

受伤掉队

孟继传因识文断字，先后在连队当文书、书记员，后任干部教导团军事连侦察参谋、团政治处白兵工作队队长。西征中孟继传亲历了一条山、永昌等战斗。部队转战临泽期间，他随部参加了倪家营、南柳沟、梨园口等战斗。西路军石窝分兵时，西路军军政委员会主席陈昌浩给西路军干部教导团政治处主任徐一新的任务是：他和西路军地方工作部部长曾日三一起，带领干部教导团单独转移。这个团编制有三个连，一个政治连、一个军事连、一个通讯连，共三百多人，孟继传被编入军事连。转移时，部队尽量避开马匪军在祁连山红湾寺一带转悠，力争保存实力。但由于马匪军的穷追猛打，仅仅几天工夫，教导团的三个连就失散

1983 年张掖地区流落红军座谈会合影

一天，孟继传在蓼泉街讨饭行乞时，被鲁举老收容养活，算是有了一个养伤的稳定居所。

孟继传

掉两个，只剩下孟继传所在的军事连。他们什么食物也找不到，今天到这个山头，明天到那个树林，饥饿和寒冷折磨着他们。一天，孟继传一行四十多人朝红沙河方向进入一道深深的山峡，两面是悬崖绝壁，峡底是冰滩，他们在山腰间蜿蜒崎岖的羊肠小道上向南行走，时至傍晚，搜山的马匪兵在山顶上，幸好没有发现峡谷间的红军，但如果部队再走出去，就会和马匪兵遭遇，后果不堪设想。部队领导决定赶快下到谷底调头转向和马匪兵背道而行，躲过搜山的敌人。为了下到谷底，孟继传使用一根马缰绳把战士们一个一个吊下山崖，最后仅剩下自己一个人，没有人给他抓绳索了，他只好狠下心来豁出性命，背靠峡壁顺势往下溜，顺势而下的还有人头般大的石块，侥幸的是没砸着他。但石头落地的响声还是惊动了搜山的敌人，他们赶过来乱开了一阵枪，见没有动静就走了。孟继传原来已经受伤的左脚在跳崖后伤势更加严重，加之五个脚趾冻伤脱落，便昏了过去，醒来时发现只剩下他和一个摔伤了腿的司号员。他们掉队了。

幸运存活

孟继传拖着一只残脚，靠一根树棍和司号员咬着牙关寻找生存之地，腿脚疼痛实在难以忍受了，就用绑腿带把脚缠起来走。一天傍晚幸遇一位放羊的大爷，大爷杀了一只羊让他们吃了一顿饱饭。当天夜里，他们在地窝子借宿了一夜，天亮后继续往前走，刚到了红沙河，就被搜山的马匪兵抓获交给驻高台的马禄的部队。幸运的是，在一条山战斗中红军为了统战，曾释放过马禄旅的600名被俘人员，此后马禄部为了感恩，遇有失散的红军被俘人员一般不加迫害。孟继传被俘后，马禄部就将他转交高台县政府放了。获释后的孟继传无法行走，也无处可去，就在兵站的一座照壁下趴冰卧雪，风餐露宿。善良的过路人这个给他一块干馍，那个送他半碗糁子汤或炒面维持性命。几天后，警察派来一辆牛拉大轱辘木车，把他拉到城外抛在大路边。

1985 年孟继传(后右二)在张掖地区流落红军座谈会上

高台不要他了，他只好用一双膝盖拖着伤残的腿忍着剧烈疼痛艰难地朝临泽方向爬行讨要，一天只爬二三里路，从高台到临泽四五十里路程，他爬行讨饭整整 18 天。一天，在蓼泉街讨饭行乞时，被鲁举老(清朝武举、地方绅士，红军驻蓼泉时曾被推举为县苏维埃政府副主席)收容养活，算是有了一个养伤的稳定居所。孟继传不愿吃闲饭，他为鲁家看管瓜菜果园，力所能及地做点零活，半年后伤病痊愈，就离开鲁家继续讨饭度日。为了有一个自己的安生立命之地，他讨一碗省半碗地积累，经过几年积攒，就做了个小买卖，后来在平川单家庄租种了几亩地。但一个人形单影只地耕作，加上土地贫瘠，实在难以为继，最后只好放弃。从 1943 年开始，他给三坝一户姓陈的财主家拉了 5 年长工，直到临泽解放。

孤苦终生

临泽解放后，政府认可了他红西路军流落战士的身份，已是三十多

一天，孟继传在蓼泉街讨饭行乞时，被鲁举老收容养活，算是有了一个养伤的稳定居所。

岁的他在四坝区芦湾村落了户，娶了妻，安了家。在土改中还分得了土地、房屋、牲畜、农具、粮食，生活终于有了保障。但幸福转瞬即逝，1953年因他参加“一贯道”一事，被判刑8年。刑满出狱后，老婆早已离家而去，流落红军的名分也丢了，从此，他就在农业社里参加集体生产劳动，孤身一人生活。

1978年，总算苦尽甘来，他“西路军老战士”的身份重新得以恢复和确认，残留的伤疾也经有关部门鉴定为三等甲级残废，县民政部门每月给予他固定生活补贴。可是岁月不等人，长期孤独压抑和身有残疾的艰难生活，使得孟继传背驼了，头发白了。那个身骨矮小、腿脚不便、走路一瘸一拐、逢人便卷起裤腿让人们看伤痕的孤独老人就是他留给平川乡芦湾村村民的最后记忆。1987年，已是73岁的孟继传，总归没有超脱落叶归根的传统，只身返回原籍湖北红安老家，1991年，孟继传去世，享年77岁。

（濮生荣）

为躲避敌人迫害，他白天躺在僻静的夹墙里反加门锁，晚上悄悄出来同尤正义的家人围坐在炕上，给他们讲革命的道理。

李平余——革命信念伴终生

李平余，男，1908年5月出生在大别山区的安徽省金寨县南西区汤汇乡大冲村一个贫农家庭。他上过几天私塾，自幼务农，会做木工活。1923年到1927年，中国共产党在大别山区建立了党组织，领导广大农民开展了轰轰烈烈的反帝反封建斗争。很快，大革命的风暴吹遍了大别山。善于接受新鲜事物的“小木匠”李平余在地下党组织的影响下，于1925年加入了中国共产主义青年团，1926年加入了中国共产党，还担任了乡苏维埃政府委员。同年10月，六安县红军独立团成立了，李平余参加了当地党组织发动的武装起义。1930年，他所在的地方武装编入中国工农红军第十一军第三十三师。同年，部队又与另外两支地方武装合编为红一军。1931年1月，红一军与红十五军又合编为红四军。从那时起，李平余参加的部队番号就再没变过。

1965年李平余(三排左二)在张掖地区流落红军座谈会上

李平余在部队成长很快，先后担任班、排、连、营长和团政治部干事等职，参加了鄂豫皖根据地一至四次反“围剿”斗争。1932年10月参加西征战略转移。在川陕革命根据地经历了反“三路围攻”、反“六路围攻”战斗。反围攻作战胜利后，他调入红三十军第八十九师某营。1935 年 4 月，李平余随红四方面军踏上长征的征途，参加了长征途中的数次战斗和懋功会师、毛儿盖会师。

1936 年 10 月，他在参加红军三大主力在甘肃会宁会师后，随部奉命渡河西征。李平余参加了一条山、凉州四十里铺、永昌、倪家营等战斗，期间曾三次负伤。在张掖甘浚堡战斗中左腿中弹负伤无法行走，部队转战到临泽后，总政治部把他寄居在沙河堡农民尤正义家养伤。为躲避敌人迫害，他白天躺在黑暗的夹墙里反加门锁，晚上悄悄出来同尤正义的家人围坐在炕上，给他们讲革命的道理，如“红军是什么样的军队”“他们为谁打仗”“革命的目的是什么”等等。日久天长，尤正义的亲邻晚上也来听他讲革命故事。由于李平余生性活泼、风趣幽默，又在部队搞过政治工作，所以故事讲得颇有吸引力，后来听故事的人越聚越多，最多时达四十多人，每晚讲到深更半夜人们还舍不得离开。国民党县政府警察和马匪军三天两头借口清查户口，搜捕流落红军。尤正义和他的亲朋好友每日都为李平余的安全提心吊胆。一次，尤家的亲戚李桂香送来敌人清乡的消息，尤正义和他的亲戚在夜间把李平余背到五里远的土窑洞里躲避。时值农历二月，气候异常寒冷，尤正义每天在天黑的时候给李平余送去饭菜充饥。这样躲了四十多天，他又回到尤家养护数月，病伤虽有好转，但走路还是不便，虽然想去找部队，但又无法成行。一

1985 年张掖地区西路军红军老战士座谈会合影

为躲避敌人迫害，他白天躲在僻静的夹墙里反加门锁，晚上悄悄出来同尤正义的家人围坐在炕上，给他们讲革命的道理。

天，他听尤正义说，距沙河三十里路的北面鸭翅渠流落下十几个红军，叫李平余去找他们。加之本地保长向马敌密告了尤家藏匿李平余的事，无奈他只好到鸭翅渠讨饭度日。后来终被敌人发现，马匪军的副官张之林带一帮匪兵将李平余抓去审问:“你是什么人?”“我是中国人!”“你的枪支藏在哪里?”“我的枪在红军手里……”敌人问不出一句口实，便恼羞成怒，指使匪兵把李平余用绳索捆绑吊在屋梁下，用皮鞭抽打，要看一下他的骨头有多硬。酷刑拷打多次，他浑身溃烂，晕了过去。敌人为了借机发财，把当地一个搞税务的职员叫来做担保，出了一石五斗麦子才把李平余保释出来。一石五斗麦子对一个讨饭人不是个轻松的数字。此后李平余讨一碗吃半碗，含辛茹苦积蓄了三年，还清了这笔救命债。1938 年李平余在鸭暖乡昭武村安家落户娶妻成家。为了养家，李平余置办了修鞋工具，当起了鞋匠，从此鸭暖街上有了一个会讲故事的“李鞋匠”。

1986 年张掖地区西路军红军老战士座谈会合影

临泽解放后，当地人民政府认可了李平余的红军身份，他得到了安置。1950 年，李平余重新入党，恢复了组织生活。他先后担任了区农会主任、乡长、农业社党支部书记等职。1969 年 10 月去世，终年 61 岁。

（孙　瑛　濮生荣）

为了遮人耳目，李怀弟和安正盛拜了结拜兄弟，李策谋安正盛改名叫李怀存，二人以兄弟相称。

李怀存——苦辣人生

李怀存，男，原名安正盛，1919 年 6 月出生于四川省阆中县二龙区一个雇农家庭，大哥安正仁，二哥安正福，他排行老三。从他能记事起，父亲和大哥就给地主拉长工，母亲操劳家务，生活十分艰辛。

1933 年 3 月，中国工农红军来到阆中，他们听说红军是贫苦人的队伍，能解救全天下受苦受难的劳苦大众，从小过着饥寒交迫生活、受尽地主欺压的二哥安正福和刚满 14 岁的安正盛就报名参加了红军。安正盛被编到红三十军第八十九师政治宣传部新剧团当宣传员。由于他勤奋好学，善于动脑筋，文化知识提高很快，部队所到之处他说快板、演话剧绘声绘色，又能唱歌，很能鼓舞战士士气。于是，同年 7 月他就加入共青团，8 月被提升为新剧团二班班长。

红军过草地时，二哥安正福已被提升为某连连长。在草地行军路途中，他只和二哥见过一面，那时的二哥面黄肌瘦，行走迟缓。此后，他再也没有打听到二哥的下落。1935 年春天，安正盛随军强渡嘉陵江开始长征。松潘战斗中，一颗炮弹落到了宣传队的阵地上，把安正盛深深地埋在了泥沙中，只有一只手臂露在外面。恰巧，红三十军政治部主任李天焕驰马路过，忙令随行战士把他挖了出来，他抖了抖了身上的泥沙，快步来到李天焕的马前。李天焕看他机灵，调他担任了自己的通讯员，这是死神对安正盛的第一次考验。

1936 年 10 月，他们抵达甘肃会宁参加三大主力会师，10 月下旬他随军从靖远县虎豹口渡过黄河西征。马步芳、马步青敌军倾巢出动，对红军围追堵截，英勇的红军战士，与马匪展开了一系列的血战。在一条山战斗中，安正盛紧跟李天焕亲临火线，一颗子弹飞来，把安正盛的军帽打飞。战事紧迫，李天焕顾不上许多，严令他撤下火线，这是死神对他的第二次挑战。

此后，战事受挫，一些干部和战士一时产生了悲观情绪，为了加强政治宣传，安正盛又被调到新剧团，继续担任二班班长。他和剧团战士先后编排了《红军西进》表演唱，《打马家》《红军一定能胜利》等歌曲，在部队行军途中和宿营地表演、歌唱，对战士鼓舞很大。

组成西路军后，安正盛随部队日夜兼程，边打边向西挺进。1936 年的冬天，天气格外寒冷，西北风呼呼地刮着，气温降到了零下 20 多度。许多红军战士出生在南方，没有经受过北方的严寒，必需的军用物资多被马匪劫掠，战士们没有御寒的棉衣，给部队行军打仗造成了极大的困难。疯狂的马匪军就像久困的笼子中放出的野兽，到处杀人、奸淫、掠夺，倍受饥饿、寒冷和医药、弹药匮乏的红军，与数十倍于己的匪军展开了殊死搏斗。凉州四十里堡、永昌七坝、八坝战斗，突破了马匪的重重堵截，于 1936 年 12 月底，安正盛随军撤离永昌县境，从走廊南部经新城子、毛家庄、八个墩滩、大马营向张掖、临泽、高台疾进，于 1937 年 1 月上旬抵达临泽倪家营。高台失守，临泽突围后，西路军仅剩一万多人。为了保存实力，西路军开始东

1964 年李怀存(后中)第一次参加流落红军座谈会

返。当东返至张掖西洞堡时与尾追敌人进行了战斗，西洞堡一战，全歼敌先兵团和骑兵旅大部，部队士气大大高涨。尽管天寒地冻，红军穿着破烂的单衣、脚上包裹着毡套子，安正盛他们仅剩的十几名新剧团战士，冒着刺骨的寒风，和战士们围坐在火堆旁，兴奋地唱起了《打马家》的歌，歌声传得很远很远。在倪家营的时候，赶上过大年，当时吃水很困难，英勇顽强的红军顶着严寒，赶上马到很远的地方驮来了冰块，还分给了当地老百姓一部分；他们还在日夜不停的枪炮声中开了军民联欢会，他们自编的节目《送水》由两名演员对唱，情真意切，许多人抹起了眼泪。这次战斗结束后，本来决定东返的部队，又接到上级重返倪家营的命令。1937 年元月到 2 月，他们先后又参加了倪家营、梨园口、三道柳沟血战，个个英勇顽强。

为了遮人耳目，李怀弟和安正盛拜了结拜兄弟，李策谋安正盛改名叫李怀存，二人以兄弟相称。

1937 年 3 月，西路军军政委员会在红石窝召开了紧急军事会议，会议决定了“化整为零”“分散突围”的战略转移方针，安正盛和宣传队及一些战士，向祁连山康隆寺方向突围。第二天拂晓，马匪军追了上来，安正盛他们边还击边向山顶爬，由于山高坡陡，几十个战士很快就被匪军打散。连日的行军、打仗、饥饿、寒冷，战士们疲惫到了极点，安正盛已力不从心，猛不防从石坡上滚了下来。一马匪兵举刀向他头上砍去，机灵的他本能地顺势一滚，匪刀砍在了石头上，火星四溅。当匪兵又举刀向他砍去的时候，匪连长大喊“住手！”马刀在空中停了下来。安正盛一骨碌跳了起来，双目怒视着站在他面前的两个匪兵，匪连长愣了一下，心想：“这个瘦骨嶙峋的红军娃，真够胆大的，杀了他怪可惜的。”于是他静了静，指使匪兵前去搜山，然后问安正盛：“你叫什么名字？哪个部队的？”“好汉坐不更名，行不改姓，叫安正盛，红军战士，要砍就砍，要杀就杀，问这干啥？”安正盛愤愤地回答。

匪连长叫李怀弟，是甘肃民勤县人，担任匪兵连长已有三年多的时间，他早就听说过红军北上抗日救亡的许多故事。他看眼前这个十五六岁的红军小伙子,虽然面黄肌瘦,可有一股子宁死不屈的骨气,何不放他一码?想着想着,他的理智战胜了邪恶,没有杀安正盛,这是安正盛在敌人的魔刀下第三次死里逃生。

李怀弟把安正盛带进了张掖县城，悄悄地交给了他的堂叔李临忠。李临忠在张掖县伪法院当法官,为了遮人耳目,李怀弟和安正盛拜了结拜兄弟,李怀弟策谋安正盛改名叫李怀存,二人以兄弟相称。李临忠暂把李怀存藏在了他的好友王致中家养伤。李怀存装成哑巴,很少出头露面。三个多月后,马匪军在张掖撤防,又过了一段时间,相对风平浪静了,李临忠就安排李怀存到伪法院打扫卫生、端茶倒水,做了勤杂工。半年后,李临忠提拔李怀存当了伪法警。

1937年9月,李怀存与张掖贫民宋月英结婚。1940年6月,李临忠奉命调走,李怀存真有点依依不舍。无奈,他辞去了法警职务,跑到玉门油矿先当炊事员,后做制石蜡的工人。1943年9月,他又跑到酒泉一饭馆打杂。1944年3月,为了生计,他再次来到张掖伪法院当法警。1945年8月,日本宣布投降,中国的抗日战争取得了最后的胜利,他心情十分激动,回到家里,不时地哼着“炮火连天响大地,我们的红色战士,英勇的武装上前线……”的《西进歌》。他想起了与战友们同生死共患难、英勇杀敌的残酷壮烈场面,不时热泪盈眶。他也打听李怀弟、李临忠的下落,“受人滴水之恩,当以涌泉相报”。毕竟他们是他的救命恩人,但始终没有打听到二李的任何信息。1949年9月张掖解放,他被张掖县人民法院留用。

张掖解放后,经龙渠乡三清湾村流落红军王怀文、甘浚乡流落红军许家树等证明,张掖县人民政府确认了李怀存流落红军的身份。1952年8月,黑河流域水管会成立,他被调到水管会当干部。这年,听说组织上同意他们这些流落红军返回原籍，李怀存把家里的东西都变卖了准备回老家,可又说在职的不让返回,只得作罢。1958年,张掖专区所属县、

为了遮人耳目，李怀弟和安正盛拜了结拜兄弟，李策谋安正盛改名叫李怀存，二人以兄弟相称。

1979年李怀存（后中）在流落红军座谈会上

镇对流落红军战士进行全面摸底调查和登记认证，李怀存因两次在伪法院干事，被暂停登记。

1961年，全国实行“各行各业大力支持农业”的“精减下放”政策，1962年3月，李怀存响应党的号召，被精减下放。四月，他又将全部家当变卖，带上退职费，带领全家老小8口人回到了老家四川省阆中县二龙区，他的大哥安正仁热情地接待了他们。他的子女们出生在气候比较干燥的大西北，到了四川，身上起小红疙瘩、生小水泡泡，受不了潮湿闷热天气的煎熬，只住了两个多月，他带领全家大小又返回到了张掖。

精减下放时，李怀存一家8口人的城市户籍全部注销，返回张掖后，按当时政策，“农转非”的口子绝对封死，落户城镇没有一丁点儿余地。他四处奔波，几经周折，最后，由龙渠公社党委书记刘崇栋和头闸大队支部书记高汉忠商量同意，接收李怀存8口之家落户到了龙渠公社头闸大队第二生产队，买了3间房子安了家。

1962年，国家刚刚度过三年困难时期，头闸大队的公粮、统购粮已入国库，社员口粮也已额定，剩下的只有一定数量的籽种、畜料和少量的储备粮，地将封冻，不可能再出粮食。生产队用唯一未挖的一亩多胡萝卜和不多的几百斤储备粮，安排了李怀存一家8口人的生活。幸好，当年11月，黑河西干渠由甘浚盛家渠湾至四角墩段开工，李怀存经龙渠公社介绍安排到西干渠工程指挥部当生产工具保管员，月工资暂定60元。可是，好景不长，施工两个月，因干渠勘测设计误差偏大，灌溉效益不大，轰轰烈烈的修渠大军又撤兵回朝，他又回到了头闸大队第二生产队，生活的艰辛逼迫他先后将三男一女四个孩子送了人。

1964 年 6 月，李怀存的流落红军身份得到认可，他第一次出席了“张掖县流落红军座谈会”。老战友相逢，禁不住的泪水泉涌般流出。他们更加怀念在河西艰苦鏖战中英勇牺牲的同志，更加感谢党对他们的关怀，更加珍惜来之不易的幸福生活，更加坚定了他们为党为人民奉献的决心。1965 年 2 月，他又荣幸地参加了“张掖专区流落红军河西同志座谈会”。此后，1979 年、1986 年、1989 年的座谈会他都届时参加。

1965 年，李怀存被选为头闸大队第二生产队保管员，但他生活非常窘迫，粮食常常青黄不接，穿着破烂不堪，炕上连席子也没有。1966 年，“文化大革命”在城乡全面展开，不久，李怀存在伪法院当法警的事被传得沸沸扬扬，他成了农村红卫兵的众矢之的，“逃兵”“叛徒”“特务”“投机分子”的帽子一顶顶压来，他成了批斗会的重点新闻人物和社员们茶余饭后的议论对象。一次次批斗会，他头上被套上大生铁犁铧，脖子上挂上用铁丝挽成系的筐，筐里装上石头，勒令他老实交代所有“罪行”，而罚站、无代价罚做清洁卫生更是家常便饭。还有一次，一个女红卫兵用拇指粗的树条，在他身上狠狠地抽打，另一红卫兵指着他鼻子责骂：“李怀存，你这个狗叛徒！红军长征，一个个都牺牲了，你为什么没有死，还活到了今天？”面对众多红卫兵的责骂、体罚，他淡淡地回答：“我参加红军，是为了活命，为了生存，如果人人都死了，能有今天吗？”红卫兵还是纠缠不休，每次批斗，他都是这样回答。家里人对他十分担忧，他的老伴

1990 年李怀存(前左一)最后一次参加流落红军座谈会

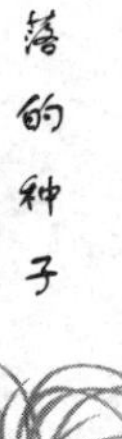

为了遮人耳目，李怀弟和安正盛拜了结拜兄弟，李策谋安正盛改名叫李怀存，二人以兄弟相称。

抱着他痛哭，他推开老伴，严肃地说："是玉、是石，是白、是黑，终会水落石出，有共产党在，我的问题一定会查清楚的，哭有什么用？"不出所料，几个月的批斗，几个月的派人外出调查，最终还给了李怀存"没问题"的清白结论。到了1969年，没有人再提他"逃兵"、"叛徒"、"特务"的事了。他仍担任生产队保管员，直到1982年农业生产大包干。

1978年，全党拨乱反正，全国对历年来积压的冤假错案从根本上全面纠正和平反，流落红军人员的各项政策也得到了落实。李怀存在1962年"精减下放"的事情被按退职处理，由张掖县水利局月发原工资额退职金49元，张掖县民政局月发"流落红军补助金"30元，后增加到每月40元，1989年提升到月70元，1993年增加到月100元。每年春节，民政局派专人慰问并送去慰问品。

1983年9月，李先念主席委派夫人林佳楣到张掖地区高台、临泽、肃南、民乐寻访当年红军战斗过的旧址，瞻仰高台烈士陵园，凭吊烈士英灵。途经张掖，曾打听安正盛(即李怀存)的下落，可惜李怀存外出不在，终使他错过了与新剧团老战友见面的机会。1984年4月，70多岁高龄的吴建初同志返张掖忆当年，李怀存同志应邀参加了座谈，共同回顾了当年战斗的场面。

1993年7月，张掖地委在党校再次召开"河西流落红军代表座谈会"，李怀存应邀出席，但不幸就在这次发生了。进城那天，他在一家小饭馆吃饭，因心脏病发作晕倒在饭桌上，即送张掖地区医院抢救无效而去世，享年74岁。

为了纪念他的安氏祖辈，也为了纪念他参加红军的悲壮历史，他的子孙后辈都恢复了安姓。

(余生元)

他们为迎接共产党的到来组织革命活动，还请民乐城内的尚组锦刻了个名称为『中国人民解放』的印章。

李逢嗣——祁连山下孤雁鸣

李逢嗣，男，原名曾文俭，1922 年出生于四川省遂宁县安坝居乡的一个贫苦农民家庭。六七岁时他就给财主家放牛、捡柴、割草，8 岁时生母病故，他以乞讨度日。1933 年 2 月，红军解放了巴中，11 岁的曾文俭讨饭到了巴中一带，看见红军发动群众打土豪，分田地，曾文俭萌生了走上革命道路的念头。1933 年 7 月，他在遂宁县参加中国工农红军，被编入红四方面军总部新剧团当战士。经过一段时间的学习，曾文俭学会了写字，学会了唱红军的军歌。1935 年 3 月，红四方面军撤离川陕革命根据地，曾文俭随军开始长征。由于他聪明伶俐，深得首长和战友的喜爱。红军出川后他被调往红五军第二十一师三团给任天贵团长当通讯员。会宁会师后，他随军奉命西渡黄河作战。1936 年底征战到临泽，接着又进军到高台，曾文俭参与建立高台县苏维埃政府工作。

1958 年镇压反革命时民兵进入会场

高台血战中，他和少数幸存的战友被马匪军打散离队，靠乞讨度日，不料又被马匪俘获。1938 年春从张掖被押往山丹途中，趁押解匪兵防范松懈之时,曾文俭连夜逃跑。他不顾身体的病痛,拖着伤残的双腿往前跑,不料摔下了山崖昏死过去……从昏迷中醒来的曾文俭发现自己头部已经被撞伤,身上也多处摔伤,已站不起来。祁连山下的气温很低,曾文俭身上仅穿着破烂的单衣,脚上穿着草鞋,一双手和一双脚早就被严寒的天气冻得红肿化脓了,而且两天两夜没有吃一口饭,还发着高烧。虽然严寒、饥饿、伤痛在折磨着他,但并没有阻止他求生的欲望。于是他咬着牙,拖着伤痛的身体爬到一户人家的大门前,便不省人事了!

这家人姓李,主人是民乐洪水中学的教师李兴俊。李兴俊膝下无子,收留了曾文俭。为了防备马匪和反动民团杀害这个孩子,李兴俊多次托人向马敌求情,以收为义子为名把曾文俭留了下来,并将其改名叫李逢嗣。1938 年秋,李兴俊就将李逢嗣送到洪水学校念书。

1984 年李逢嗣(前左一)在流落红军座谈会上

虽然流落到李兴俊家里,可是李逢嗣还是想着怎样回到队伍中。1940 年冬,他已经 18 岁了,瞒着李兴俊从学校偷跑出来向东去找红军队伍。走

他们为迎接共产党的到来组织革命活动，还请民乐城内的尚组锦刻了个名称为『中国人民解放』的印章。

李逢嗣(左三)与民乐县部分流落红军合影

到兰州一打听，才知道红军早已改编为八路军，开赴抗日前线了。在讨饭时，李逢嗣又被国民党第八战区抓去当了步兵。1941 年春，八战区参谋科长张才章(四川三台县人)认了他同乡关系，并把他介绍到兰州干训团军事大队受军事训练。1941 年夏，民乐县县长陈介受李兴俊请求把李逢嗣要回了民乐，把他安排到民乐县国民兵团后备中队当了排长级的分队长。1942 年春，李逢嗣被调往武威县国民兵团当排长级的督训员，在乡村训练民兵。不久，李兴俊要李逢嗣告假返乡，给他包办了个媳妇，在李家劳动种田。当年秋天，因李逢嗣耍赌博，被关到班房，后来县长朱魁看在他是李兴俊义子的份上，便把李逢嗣放了出来，叫他去民乐县救济院当管理员，后又到民乐县警察队当巡察。

1943 年春，李兴俊当了民乐县洪水乡洪水完小校长，不让李逢嗣干警察队的事情，二次把他叫到洪水完小念书。当年秋天李逢嗣参加了三青团，并当了三青团分队长。1945 年李兴俊因病去世之后，李逢嗣辍学回家务农。但李兴俊的弟兄等人认为他是个四川人、共产娃，不是李家的种，便将其逐出了李家。1947 年，李逢嗣和李家脱离了关系。

1948 年，李逢嗣在伪师管区农牧场放牧以维持生计。

老年李逢嗣

1949 年春，李逢嗣回到了民乐六坝，找到流落红军战士商议，听说共产党打到西安了，他们为迎接共产党的到来组织革命活动，还请民乐城内的尚组锦刻了个名称为“中国人民解放”的印章，设置了“共产党工作人员保密证”，保密证上刻画有中国共产党党徽。他们的活动一开始就被国民党政府发现，说李逢嗣通了共产党，派警察来抓捕他。他在民乐立不住脚了，于是向东去找共产党组织，一路步行到了平凉才找到中国人民解放军华北部队，向部队首长说明了他的经历和来意，并跟随部队解放了兰州。华北部队首长同意了他的要求并发给他联络介绍证明和路费，指示他返回民乐积极组织红军流落人员做好解放前期的工作。在返回民乐的途中，他又被国民党匪军拘捕，被押解到张掖县。一天夜里，他趁哨兵不备才脱离了险境。

1949 年 9 月，民乐县解放后，人民政府任命他为县警卫独立会队长。1950 年，民乐县警卫独立会和公安队合编后，任命李逢嗣为民乐县公安队分队长，并派他到武威干校学习。1951 年他到武威干校学习回来调民乐县公安局任侦察员，1953 年，又被调到民乐县文教局任科员。1954 年，他因 1951 年“三反五反”时所犯受贿错误，被保留公职暂在县城内做小本生意维持生活，并和樊菊英结了婚。1955 年冬，私营工商业合作化时，李逢嗣任合作商店经理，后又在民乐旅社等处工作。1961 年 4 月，他又回到农业社当社员，在生产队当保管员。1964 年“社教”运动时，“四清”工作队把他的家庭成份定为破产地主，撤消了他生产队保

他们为迎接共产党的到来组织革命活动，还请民乐城内的尚组锦刻了个名称为『中国人民解放』的印章。

管的职务，取消了他红军流落人员的身份，不让他参加张掖地区召开的红军流落人员座谈会。

为了这事，他难过了很长一段时间，总觉得没有脸去见长眠于地下的战友和亲人，那时他甚至想，只要党组织能够承认他曾是个光荣的红军战士，给个小红本本，什么待遇都可以不要，身份得不到证明的日子是最难受的日子。

经多方奔走，甘肃省民政厅向他颁发了“西路军红军老战士光荣证”。1987 年春，李逢嗣因病去世，终年 65 岁。

（蒋兴国）

他与河南籍战友陈荣国慌不择路，情急之下一头扎进黄柏刺窝里，隐蔽一天一夜，保全了性命……

林永清——一年又一年的守望

1988年8月18日,秋雨绵绵,冷风嗖嗖,甘肃山丹县陈户公社寺沟大队一位饱经风霜的老人,因病在家中去世,享年84岁。弥留之际,他艰难而又坚决地撂下一句话:“如果有那么一天……一定要……为我……西路红军……正名……”他,就是西路军流落红军,我的祖父林永清。

背井从戎

1904年7月5日,一个普普通通的日子,甘肃岷县大地上,豆粒般大小的雹子,骤然间从天而降,即将开镰的庄稼,被雹子袭击得仆伏遍地。约莫掌灯时分,洮河水渐渐暴涨,顺河风挟裹着阵阵寒气,掀开了茶埠将台铺林姓人家的窑洞门,扑灭了那盏昏黄晕暗的清油灯。恰在此时,一个生不逢时的男婴,罩着一生必将多灾多难的命运“呱呱”坠地了。孩子的父亲守在窑洞外,听到婴儿的啼哭声,叹息着自言自语:“唉,又添了一个吃粮的……” 这个在雹灾中落地而被父亲叹息为“吃粮的”的孩子,就是林永清。

那时候,他的父亲兄弟四五个,家里每年都要添口,人口多,土地少,住几孔破窑洞,生活十分贫寒,全家人长年衣不蔽体,食不果腹。他是父亲的大儿子,光屁股挨饿长到十几岁,没能进过一天学堂。但是,他对学堂却有着一种天然的好奇心,常常溜在私塾的窗下,偷听先生讲学,从而在他幼小的心灵深处,涌动着一种朴素而又浅显的人生抱负。

到了能干活的年龄,他便给本村地主家放牛,因为他偷听先生讲学,牛群糟蹋了庄稼而被地主赶回家并罚了二斗麦子。父亲看儿子不争气，在一顿拳脚和斥责之后，将他送去当了长工。在外地给人家扛长工的岁月是艰难困苦的，整天背个毒日头干的是牛马活，糠菜麸皮半年粮吃的是猪狗食，饥馑年只能混口饭吃，丰盈年才挣几斗口粮。5年的长工工钱，还没有凑够讨媳妇的彩礼钱，父母为他叹息忧愁，他自己也开始烦躁不安。

1931年春，冯玉祥西北军旧部的国民革命军，派员到村里来征兵，他认定自己像父亲说的是一个“吃粮的”命，就毅然决然告别父母，离乡背井弃工从戎当了兵。

弃暗投明

当兵后，经过一段时间的严格集训，他被编入西北军旧部国民革命军第二集团军第二十六路军军团卫生部担任看护员。不久，这支队伍就被蒋介石下令调到江西“围剿”红军。中国工农红军反“围剿”胜利的影响和中共地下党深入细致的宣传发动工作，使他逐步懂得了救国救民的真理，耳闻蒋介石对日寇的不抵抗政策和目睹国民党军队中那种官欺兵、兵欺兵的不平等，他的思想开始动摇。“国家兴亡，匹夫有责”，“良鸟择树而栖，良臣择主而事”，弃暗投明报效祖国的念头，萌生在他心中。

1931年12月14日，一个终生难忘的日子，这一天，他报效祖国的愿望，终于实现了。这一天，人心鼎沸，欢声雷动，彩旗招展，礼炮轰鸣。在中共地下党的接应下，他随董振堂率领的国民党第二十六路军17000多名官兵，在江西宁都举行集体起义，正式加入中国工农红军，起义军改编为红一方面军第五军团。经过一场血与火的洗礼，他成为一名能够报效祖国的红军战士，被编入红五军团卫生部，担任卫生部医院管理员，先后参加了中央根据地第四次、第五次反“围剿”斗争和赣州战役、水口大战、龙岩、南雄、漳州等战斗，并于1934年10月随部队离开

江西革命根据地开始长征。

南征北战

长征开始后，红五军团一直担任红一方面军后卫任务，搬家突围是经常性的事，部队不仅行军缓慢，而且损失很大。因为军队内部保密，他作为一名普通士兵晕头转向，所以心情非常沉重。在广西兴安、灌阳的战前训练中，他的首长姬鹏飞为了稳定人心，鼓舞士气，一面组织他们调运医药器械，一面晓之以理讲解革命道理，动之以情教唱红军歌曲："哎——红军呀，百战百胜的红军呀……国民党已成什么样，日本进军快到长江，谁也不打仗，谁也不抵抗，要想救国把日抗，先要打倒卖国的国民党，我们一起到绥阳，我们一起求解放，义勇军登在墙报上……"他唱着这首军歌，慷慨激昂心潮澎湃，就是在后来的一生中，他偶然唱起这首歌，也仍然是那样亲切有力，记忆犹新。

之后，他随红五军团南征北战，东进西出，历尽艰难险阻，转战千山万水。1935 年 6 月，在四川理县、懋功一带，红一、四方面军会师了，红五军团编入左路军随红四方面军准备经查理寺、阿坝、班佑、包座，与右路军会合，一同北上抗日。11 月，在川西地区，红五军团与红四方面军的第三十三军合编为红五军，他跟随队伍翻雪山，过草地，越天险，进入甘肃岷县。

1936 年秋，为了掩护红一、二、四方面军主力会师休整，红五军作为红四方面军的后卫，采取运动防御战，在会宁南面的西（安）兰（州）公路上马家营子至华家岭一带，同敌人展开了著名的华家岭之战。战斗还未打响，卫生部门传达军长董振堂的命令："告诉大家一件大喜事，咱们红四方面军同红一方面军已经在会宁县城胜利会师了！我们一定要打好仗，多消灭敌人，用实际行动来保证会师部队北进！"战斗结束后，红五军进入会宁城，会宁到处洋溢着会师的胜利气氛，大街小巷的墙壁上张贴着“中国工农红军万岁”“大会师胜利万岁”的标语，他和他所在的红五军全体将士兴奋不已。

奉命西征

1936 年 10 月 25 日，红军部队奉命从虎豹口封锁线打开缺口，渡过黄河踏上了西征的艰苦历程。11 月 11 日，中共中央正式命令河西红军改称西路军，他所在的红五军，在董振堂军长的率领下挺进河西走廊，与 10 倍于己的马步芳、马步青部展开殊死搏斗。

经过一条山、大靖、古浪到武威北乡、永昌后，红五军改后卫为前卫，在永昌停留了两天，就快速进驻山丹。红五军进驻山丹不久，马匪军调遣重兵力，向县城疯狂扑来。为了迎击敌军的进攻，红五军集中红三十七、三十九团的优势兵力，在山丹大佛寺、红沟、野猫山、城北暗门滩等地摆开战场，打退了敌人的多次进攻。战斗相持一月之久，给敌人以沉重打击。期间，红军组建的山丹县苏维埃政府，积极组织群众捐献

山丹縣人民政府任命通知書

字第 玖 號

茲經本府第六十八次行政會議通過任命

林永清為山丹縣第三鄉鄉長

特此通知

縣長張彥儒

一九五四年　月八日

1954 年林永清担任乡长的任命书

他与河南籍战友陈荣国慌不择路，情急之下一头扎进黄柏刺窝里，隐蔽一天一夜，保全了性命……

粮食、改制衣服支援红军。林永清当时在军团卫生部医院担任管理员、看护排长等职，负责伤残病员给养。卫生部驻地在山丹东街王家天棚店，因口粮短缺，他带领战士到范家营等地买粮食，为伤残病员增加给养。

时值寒冬腊月，红军给养虽然得到一定补充，但终因没有根据地，兵员、弹药得不到应有的补充，又被敌人分割包围而置于十分不利的境地。为此，红五军奉命于12月28日，乘打退敌人的间隙深夜突围，绕道民乐洪水、过黑河进驻临泽城。临泽城坚守得十分艰难，1937年1月23日夜，他又跟随部队从临泽突围。

1937年3月，在梨园口激战后，部队撤退至肃南石窝山。一天下午，部队在大山里就地休息到半夜，醒来后他见部队已去向不明，士兵们三三两两摸黑在山中找部队。天亮后看到敌人骑兵四处围追杀戮，他与河南籍战友陈荣国慌不择路，情急之下一头扎进黄柏刺窝里，隐蔽一天一夜，保全了性命……

流落岁月

部队不知去向，战友哀魂遍野，敌人疯狂搜捕，手中弹尽粮绝，他们白天不能行动，只得隐蔽到夜晚赶路。他与战友陈荣国一路走，一路讨饭充饥，从肃南、民乐辗转到山丹范家营，在曾经征集过粮食的富户苏文明家，连躲带藏干了一年活，与陈荣国商议，挣点盘缠钱，上延安找组织。

次年冬天，他俩一路奔波，来到永昌水磨关，住进开明地主王永年家。由于敌人搜捕红军的风声很紧，王永年劝他们两人分开行动，于是王永年备了货郎担，陈荣国装作干小生意的，挑着担子离开了永昌。祖父林永清一边给王家干活，一边等候陈荣国偷渡黄河的消息。时间艰难地过去两个月了，王永年得到了脚夫传来的口信，说陈荣国到兰州后被国民党抓住,以后的日子里便杳无音信了。为躲避国民党对红军的搜捕,祖父乘着过年从永昌返回山丹范家营,从此开始给富户苏文明家拉长工、打短工度日。路遥知马力,日久见人心。苏文明见祖父干活卖力且老实又本分,诚心想帮这个流落红军过日子,就提出介绍寡居的内姊与他联姻结亲。一生四海为家漂泊不定的祖父,此时已孤苦伶仃走投无路。滴水之恩当涌泉相报,他便娶妻生子成家立业,举家迁至寺沟居住,自此流落河西山丹。

老年林永清

1949 年 10 月 21 日山丹解放后,祖父一家分得了土地和房屋,从此过上了耕者有其田,入则有其居的安定生活。1954 年 6 月 25 日,山丹县第一届人民代表大会第一次会议隆重召开,他光荣地当选为人大代表,享有了神圣的权利。7 月 8 日,山丹县人民政府任命他为山丹县第三乡乡长。1958 年 1 月,他任期届满,请求组织批准,回家当了农民。

蒙冤“坦白”

1969 年,山丹县陈户公社的“文化大革命”紧锣密鼓,热火朝天,批斗大会此起彼伏,革命群众群情激奋。隆冬的一天下午,几名荷枪实弹的战斗队员,在一伙佩带红袖章的红卫兵小将的簇拥下,振臂高呼革命口号,闯开了他的家门:“林永清!我们奉公社战斗队的命令,揪你到

他与河南籍战友陈荣国慌不择路，情急之下一头扎进黄柏刺窝里，隐蔽一天一夜，保全了性命……

公社‘五类分子教育学习班’，坦白交代你‘假红军’的重大历史问题。”“只许你规规矩矩坚决服从，不许你狡猾抵赖乱说乱动……”面对当时政治运动在劫难逃的形势，面对眼前这帮头上长角身上长刺的人，他被强行挟持来到了范营小学，与“五类分子”一起关进小学教室。早晨集合在“忠字碑”前，向毛主席请示表红心，白天集中学习阶级斗争理论，深刻反思自己的所谓历史问题；晚上“坦白从宽，抗拒从严”，老实交代自己的“问题”。就这样折腾了21天，内查外调组送来了调查证明材料，战斗队员大声呵斥说：“林永清，你的问题搞清了，你可以走了。”21天的禁闭生活，21天的批判斗争，总算结束了。

1988年年初，祖父一病不起，卧倒在床上。一天晚上，他叫我们父子，一起围在他身边说：“俗话说：‘七十三八十四，阎王不喊自己去。’我感到今年身体状况很不好，估计要不久于人世了。临死之前，我要将自己一生参加红军南征北战，流落山丹荣辱参半的亲身经历，讲述给你们记下来，让你们永远铭记我的身世和西路军在河西悲壮的历史。如果有朝一日党和政府能够为我‘西路军红军老战士林永清’的这段经历给予正名，那时我在九泉之下，也就含笑无怨了。”

（林茂森）

她被抓到张掖大衙门，被逼与敌参谋杨进才结婚，两月后他们脱离了夫妻关系，后被卖给了柏树桥的董财东，给人家磨面。

刘宗秀——红军“刘罗锅”

刘宗秀，女，原名刘棉香，1915 年 12 月 22 日出生于四川省南江县大河区新马公社刘家沟。她自幼家境贫寒，过着衣食无着的生活。1933 年在家乡参加了中国工农红军，被编入南江县委宣传队做宣传员。1935 年因战事的需要，被调入红五军妇女独立营当护士。在仪南、营渠、宣达的进攻战役和反“六路围攻”的艰苦战斗中，她不怕苦，不怕死，革命意志十分坚强。

1958 年的刘宗秀

1935 年 3 月强渡嘉陵江，她随红四方面军在四川懋功与中央红军会师后，北上抗日，加入了长征的行列。爬雪山，过草地，她克服重重困难，从不掉队，还照顾小红军和受伤的红军战士。1936 年 9 月，队伍来到了长征中的最后一个关口——腊子口，这里悬崖绝壁，易守难攻，部队要冲破这道天堑，继续北上抗日，战士们决心“宁愿战死腊子口，也不倒退回草地”。部队出奇制胜，腊子口被攻下了，但红军将士伤亡很大，刘宗秀也已是伤病交加，她骑在红军领导的马背上，马受了炮火的惊吓，把她摔了下来，脊椎骨被摔断。当时环境恶劣，医疗条件极差，无法实施较彻底的治疗，她硬是凭着革命必胜的信念强忍疼痛，坚持了下来，但也留下了永久的纪念——“罗锅”。直到后来，乡亲们还叫她“红军刘罗锅”。

1964 年刘宗秀(前排右二)在张掖县流落红军座谈会上

1936 年 10 月，她作为红四方面军的一员，在会宁参加了红军一、二、四方面军的三大主力长征胜利会师,同月下旬随部西渡黄河,配合红三十军和红九军在景泰地区作战,她虽伤痛在身,依然奋勇当先。编入西路军后,她参加了从古浪、凉州四十里铺、永昌到山丹的征战。

1936 年底,她随部进驻临泽县城。高台血战失败后,“二马”掉头围攻临泽城,西路军武器装备不足,战斗力悬殊,战士们边战边向南移动,进驻到倪家营。在倪家营她参加了长达一个多月的艰苦战斗,因西路军供给不足,弹药短缺,以寡敌众,被围困在倪家营。部队突出倪家营撤退到三道柳沟后,又被大批敌军包围,激战数日后,再次逼迫突围,沿祁连山进入梨园口。

梨园口的战斗更是极其残酷，白刃厮杀，血肉横飞……西路军边打边撤,余部进入祁连山腹地的康隆寺一带,在康隆寺的战斗中,刘宗

她被抓到张掖大衙门，被逼与敌参谋杨进才结婚，两月后他们脱离了夫妻关系，后被卖给了柏树桥的董财东，给人家磨面。

秀掉队与部队离散。

她流落到山中，拖着病体以野菜、野草维生，受尽了饥苦。1937 年 6 月，她出山到张掖大满堡一带乞讨，不料让四十店子的民团发现，被抓到张掖大衙门，被逼与敌参谋杨进才结婚。两月后他们脱离了夫妻关系，她被卖给了柏树桥的董财东，给人家磨面。在磨面期间，她认识了常来取面的马部上士班长师宗德。师宗德也是世代耕种的贫苦农民出身，他是替他三弟当兵的。他三弟被国民党抓了壮丁，在青海马部当兵，后患风寒，病情较重，马敌还不让回家，师宗德念手足情深，无奈替回了三弟，后来随马步芳部到张掖当了主管后勤的上士班长。知道了师宗德的身世，刘宗秀见他为人忠厚，通情达理，就与他有了联系。师宗德想营救这个声音大、个子小的四川妹子，又苦于没有机会。后来，师宗德染上了“痛风症”，借口回家，才将刘宗秀接回自己的家——张掖甘浚乡三关村，他们结婚成了夫妻。

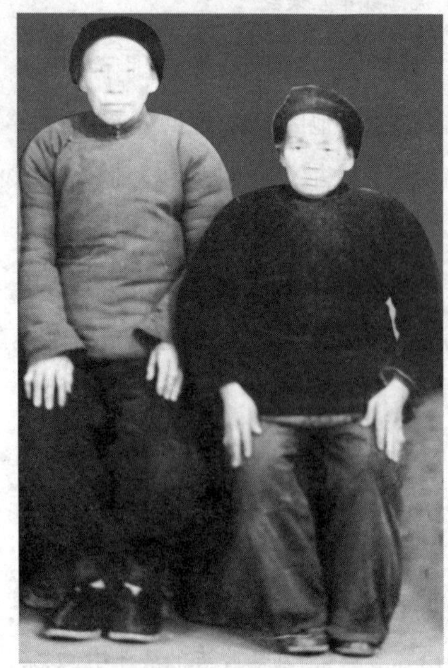

1973 年刘宗秀(右)与李秀珍

师宗德家庭十分困难，哥儿弟兄多，结婚后，师宗德和刘宗秀只分得了一人高的两间场房子。但刘宗秀饱受逆境的磨难，她已经很知足了，总算有了属于自己的家。两年后，他们自己用榆树枝搭了两间柴草棚居住，日子虽苦，但心里甜。婚后，她相继生了三个儿子。

1979 年刘宗秀(前排左一)在张掖地区流落红军座谈会上

1958 年, 在社会肃反中刘宗秀没有放弃自己的阶级立场, 揭发丈夫曾经替弟当马匪并因此加害红军的问题,经组织审查将师宗德定为历史反革命分子。

在那贫穷饥荒的岁月里,刘宗秀还发扬乐于助人的精神,不忘接济更困难的乡亲们,她常把自家的很少的胡萝卜、甜菜等送给坐月子的女人。

1964 年“社教”运动时,刘宗秀被民政部门认定为流落红军,要享受政府补助,而师宗德是历史反革命分子,他们必须划清界限。1967 年,经政府批准,刘宗秀与师宗德正式脱离夫妻关系,此后,三个儿子也失去了历次入伍、升学、招工的机会。

从 1968 年开始,刘宗秀享受到了公费医疗,1973 年,政府给她报销了往返车费,让她回了趟阔别近四十年的南江老家。回家后才得知,在她参军走后,父亲被国民党砸坏了腿而疼痛病故,哥哥刘宗朝也被

迫害致死，只有一个侄儿刘世芳在族人的掩护下才幸免于难。

1978 年，刘宗秀开始享受流落红军待遇，师宗德也得到平反，他们又正式复婚了。1984 年，政府给她发了“西路军红军老战士光荣证”。

1987 年 5 月，72 岁的红军“刘罗锅”病故家中。

（汉继斌　糟俊桢）

她被抓到张掖大衙门，被逼与敌参谋杨进才结婚，两月后他们脱离了夫妻关系，后被卖给了柏树桥的董财东，给人家磨面。

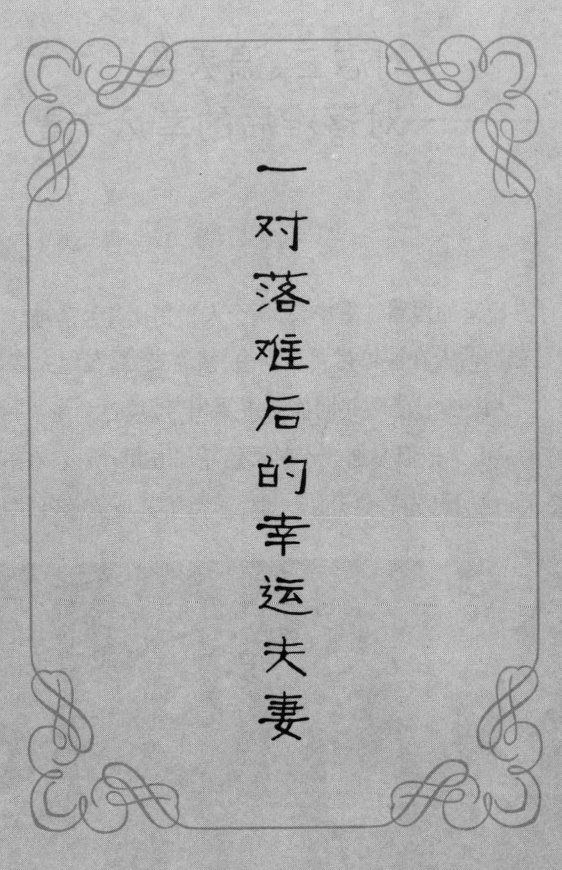

一对落难后的幸运夫妻

在一次沿街乞讨的路上，温秀英遇上讨饭的战友刘志三，……一对年过半百的战友成为终身伴侣。

刘志三、温秀英
——一对落难后的幸运夫妻

在临泽县流落的西路红军中，有两个人稍稍比其他落难红军要幸运一些。一是他们两人在流浪讨要过程中，结为夫妻，在绝大多数流落者还孤苦一人之时，他们能够共同面对艰难困苦，度过余生，可谓是不幸中的一幸；二是由于他们参加红军时都已年届五旬，所以，在“四清”“文革”开始之前，他们已先后离开了人世，避免了其他流落红军后来受到

杀害红军的刽子手受到人民的镇压

的不公正，可谓不幸中的又一幸。

丈夫刘志三，1881年出生在四川省巴州县一个贫农家庭，因家境贫寒为求生存流浪在河南。1930年8月，在河南农民暴动的革命烽火中，刘志三在河南商州参加了中国工农红军，被编入红四方面军第三十军第八十九师第二六八团第三营第三连当战士。1931年在一次战斗中腿部受伤，后在前往四川大藏寺途中腿部再度受伤。1933年他任红军一个工厂的厂长，在随部队转战川陕革命根据地期间，先后参加了反“三路围攻”和仪南、营渠、宣达三次进攻战役及反“六路围攻”。1935年3月，他跟随部队渡过嘉陵江参加长征，经历了爬雪山，过草地，克服了常人难以克服的困难。

1936年10月，在甘肃会宁会师后，刘志三于当月25日随部队从靖远虎豹口西渡黄河，向河西纵深发展，于28日进入景泰县境，31日夜，击溃五佛寺守敌。几天后，因河东红军未能阻止南线敌人的进攻，无法

1965年张掖专区流落红军座谈会合影

……在一次沿街乞讨的路上，温秀英遇上讨饭的战友刘志三，一对年过半百的战友成为终身伴侣。

1979 年张掖地区流落红军座谈会合影

抽身北渡黄河协同攻取宁夏，故中央指示他们攻占一条山。他们到达后与敌马步青残部和青海马步芳派马元海带来的一万名多援兵展开了激战，取得了胜利。

改编为红西路军后，他参加了凉州四十里铺战斗，又到永昌县境内艰苦作战一个多月。后经张掖到临泽，他先后参加了西洞堡、倪家营、三道柳沟、梨园口战斗。1937 年 3 月刘志三在祁连山康隆寺战斗中负伤掉队，与部队失去联系，从此流浪四方，在临泽一带做手工度日。

妻子温秀英，1883 年出生于四川巴州县一个农民家庭。当时的巴州县，由于军阀连年混战，互相鲸吞，为聚敛财富，扩充实力，强令农民种植鸦片，竟使大部分男人吸毒成瘾，丧失劳动能力，所有繁重的劳动都落在妇女身上。那时川北有句俗话："要吃巴山饭，婆娘打前站。"温秀英也和当地妇女一样，有着特殊的历史遭遇，上山砍柴背草，下田插秧割谷，生活苦不堪言。1933 年红军进入四川，建立川北革命根据地，温秀英听说共产党是为穷人谋利益的，红军是为穷人打天下的，立刻意识到穷人翻身解放的日子已经到来，懂得了妇女要翻身，只有当红军。她不顾父母、丈夫的阻拦，冲破重重障碍，不惜年逾五旬，决然毅然跳出家庭圈子，于1933年7月报名参加了红军。

温秀英在红军的一个工厂里做工，随红四方面军转战川陕革命根据地，因她作战勇敢顽强而加入了中国共产党，并在某部任班长。她参加了仪南、营渠、宣达三次进攻战役和反“六路围攻”。1935年3月她随军渡过嘉陵江，去川西迎接中央红军，继而参加长征，搞战勤服务，抬担架，救伤员，背背斗运送军用物资。

1936年10月会宁会师后，温秀英随军西渡黄河，参加激战打拉池等战斗。她被编入西路军后所在部队血战河西走廊，顶逆风，冒严寒，日夜兼程，长途跋涉，转战横梁山、古浪峡、永昌东二十里铺沈家庄、张掖西洞堡、临泽倪家营、南柳沟、梨园口等地。期间，她任妇女独立团某部班长。1937年3月在祁连山康隆寺战斗中温秀英与部队失散，落难逃荒，讨饭6年，后以手工业为生，流落到临泽县鸭暖乡大鸭村。

在一次沿街乞讨的路上，她遇上讨饭的战友刘志三，战友相逢，涕泪纵横，他俩在黑河岸畔倾诉各自的不幸遭遇。不幸的遭遇共同的命运，把两个巴州同乡连在了一起，一对年过半百的战友成为终身伴侣，相依为命，共同面对流落生活中的艰难困苦。

左叶(后中)与临泽部分流落红军合影

流年似水，1949年9月，临

泽解放,当地政府查证认可了他们的红军身份,在政治上、经济上都给予优待,在土地改革中得到安置,分到土地、房屋、牲畜、农具等生产、生活资料,他们初步看到和享受到他们为之流血奋斗的革命成果。

年过半百才结为终身伴侣的一对老红军,相依为命了将近20年。他们先后于1963年10月和1964年3月病故,刘志三享年82岁,温秀英享年81岁。

(孙　瑛　濮生荣)

……在一次沿街乞讨的路上,温秀英遇上讨饭的战友刘志三,一对年过半百的战友成为终身伴侣。

抢门进来一个四川口音并衣衫破烂的人，一看他破烂不堪的穿戴和憔悴的神情，袁登福断定这人是红军。

马世良——漆黑中等待光明

马世良，男，原名马长娃，1914年出生于四川省巴中县金山场（现玉山镇）一个贫苦农民家庭。因家中孩子多，没有办法生活，后来父母将他过继给舅舅顶门做了义子，从小就在家中放羊，吃不饱，穿不暖，时常还要受舅妈的打骂。后来他听人们说，有一支专门为贫苦人谋利益打天下的军队叫红军，马上就要过来了，就天天盼望着，等着这支队伍到来。

1933年2月的一天，红军真的开了过来，这支与四川的军队迥然不同的红军专为穷人打抱不平。虽然人们都不理解共产党和苏维埃这样抽象的名词，但这支叫红军的队伍到处张贴布告，人们川流不息地围观，有的从很远的乡间到城里打探消息，议论纷纷。红军开始为穷人们分配土地，废除苛捐杂税，一场轰轰烈烈的土地革命在巴中闹得红红火火。穷苦人开始参加红军，马世良也就放下羊鞭参加了红军。参军后，他被编入红四方面军巴中独立团当战士，同年6月又被编入红三十军第八十九师第二六七团医务室当战士，后任班长。

参军后不久，便是反“三路围攻”的战斗。战斗开始没几天，红军放弃了巴中县，当地人民看见红军退却，人心开始动摇，开始怀疑红军。就这样，红军且战且退，敌人步步进逼，马世良半信半疑地跟随部队，利用本地人的优势为部队筹集给养。不久，红军又收复了巴中失地，并扩大了一大片根据地，马世良便坚定了跟随红军的决心。之后，他参加了川陕革命根据地反“三路围攻”和仪南、营渠、宣达三次进攻战役及反“六路围攻”的艰苦斗争。在反“三路围攻”中，红军沿广元至阆中，组成了一条防御线与敌人隔嘉陵江相持，在这次战斗中，马世良腿部负伤。

1958 年马世良（前中）在流落红军座谈会上

川北苏区经过战争的蹂躏，粮食及其他必需品不足，红军如果死守这里，次年巴康就会发生饥荒，恐将与民争食。于是，1935 年 3 月部队强渡嘉陵江开始向北发展，随后开始长征。马世良随红四方面军长征，在长征路上他加入了共青团。长征途中，他在爬雪山时，迎狂风、踏积雪、冒严寒，几乎被冻僵；过草地时，淋暴雨、趟淤泥、吃野草，险些被累死，吃尽了千辛万苦。1936 年 10 月，部队到达甘肃会宁，参加红军三大主力会师。同月下旬，马世良随红三十军西渡黄河作战，后被编入西路军征战河西走廊。他先后参加了靖远吴家川、景泰一条山、永昌、山丹、倪家营等地战斗。永昌战斗中，马世良第三次负伤。

1937 年 3 月，在祁连山康隆寺的战斗中，因弹药缺乏，打退马家队的进攻主要依靠大刀、石块，全凭近战肉搏，伤亡太大，战斗极其惨烈。马世良身上也多处负伤，最后左脚部中弹，因失血过多昏了过去，在死人堆里趴了三天。醒来后，因不能行走，他无法寻找部队，就在山中躲了起来。后来，马世良千方百计避开马匪兵的搜捕，一路要饭向东而去。

抢门进来一个四川口音并衣衫破烂的人，一看他破烂不堪的穿戴和憔悴的神情，袁登福断定这人是红军。

1937年7月的一天,西风将山丹袁登福家的破门刮开,7岁的孩子袁学儒刚关了门还没转过身,门又开了,抢门进来一个四川口音且衣衫破烂的人,一看他破烂不堪的穿戴和憔悴的神情,袁登福断定这人是红军。马世良也是由于伤势折磨、饥饿煎熬实在难以忍受,才推门进入这户人家讨口吃喝的。袁氏一家人十分善良实在,为他熬了一砂锅青稞面糊糊,他三口两口便呼噜完了。由于家贫,袁登福怕留下个红军娃会给自己惹来麻烦,何况自己也无能力保住这个红军娃的性命。因为前几天他曾给三位骑着红鬃马、挎着盒子枪的红军带过路,随后,保长和狗腿子们就挨门逐户地警告过:“谁看见红军要立即向保公所报告,要知情不报或窝藏红军,小心你的狗头!”于是,袁登福想到了地主陈治国,凭老袁家与陈家“上姑舅”的关系,陈家或许会收留马世良,而且陈家是财大气粗的地主,有能力保护他。于是袁登福就乘着大雪封门路上无人的空子,迎着风雪送马世良去找个“安稳地方”。袁登福把马世良送到了陈治国家。果然,曾经也是穷人的陈治国收留了马世良,并像亲孙子一样呵护他,与他同吃同住。马世良很快养好了伤,给陈家人放羊。为了给这个红军娃子有个安身之地,陈治国准备给他盖几间房,置几亩地,还四处托人给他讨媳妇。可是,天有不测风云,不久,陈治国死了,从此无人庇护他了。

马世良

1939年的一天,马世良在外放羊时被马匪军抓获,押送到了张掖的大庙里,几天后,他乘机逃出魔掌,到了山丹花寨子一家干活维生。不久,他又被马匪军从这家地窖中搜出,被关押到了张掖“大衙门”,当天晚上他再次逃脱出来,不敢再进人家,只好在四乡乞讨度日。

1940年10月，他隐姓埋名到南山药草洼背炭。1945年，经人介绍，他娶了张掖县小满乡的女子顾秀英为妻，四年时间里生下了两个女儿。在当“窑猫子”的几年里，他虽与黑水黑煤黑人打交道，但心如明镜，时刻关注着毛主席和革命的消息，时刻盼望着回到部队和并肩战斗的同志们身边。

1964年马世良(二排中)在张掖县流落红军座谈会上

张掖解放后，他撂掉煤挑子，顾不上洗去满身的煤黑，一口气跑到张掖，立即到军管会报到，说明了自己的真实身份以及经历，强烈要求到部队去，于是他被领导安排在张掖大衙门某部队机关担任保管员。1951年他加入了中国共产党。同年6月，部队要到新疆去，因为马世良不识字，没有文化，家庭人口太多，带家属工作不方便，怕连累部队，他就向领导申请回家当农民，得到了领导批准。1952年，他退役到张掖长安乡参加农业生产。1956年，他重新在煤建公司参加工作。1958年，他因病要求下放农村，有关部门发给了他安家费，就与同事刘兴发在张掖县长安乡前进社(现河满三社)安家落了户，靠种地养羊来拉扯四女两男六个儿女，生活过得紧巴巴的。

他曾担任贫协主席，经常应邀到学校、部队、机关等单位做忆苦思甜报告，进行革命传统教育，给人们讲自己参加红军长征爬雪山、过草地的经历，讲他出生入死打敌人的战斗故事，讲没有共产党就没有新

抢门进来一个四川口音并衣衫破烂的人，一看他破烂不堪的穿戴和憔悴的神情，袁登福断定这人是红军。

中国的道理。

在文化大革命中，马世良受到了冲击，并且还连累了他的救命恩人。他被诬陷为“反革命”“叛徒”“外来户”“地主狗崽子”，半夜三更写检讨，三番五次挨批斗。他那曾经受过伤的腿脚难以支持，站立不稳，行走困难，曾经背炭挖煤落下的矽肺病不断加重、恶化，呼吸困难，剧烈咳嗽，只因为孩子还小，才支撑了下来。他相信组织相信党，相信世上还是好人多，就跑到张掖县政府向有关部门反映了情况，民政部门的人来确认了他流落红军战士的身份，说明了情况，这才解除了批斗。

由于严重的矽肺病，1971 年马世良病逝家中，终年 57 岁。

(吴国萍　袁学儒)

比起牺牲了的战友，我很幸运，我看到了新中国的成立，过上了好日子，我很知足了。

彭德生——往事再回首

彭德生，男，1916 年 12 月出生于安徽省金寨县杨桥乡彭家湾村的一户贫农家庭，父母与长兄长年劳作仍不能维持全家人的温饱。3 年后，弟弟彭德银出生了，日子更加难熬，过年时家里都没有吃的，只能向地主家背高债去借粮。一家人在兵荒马乱、倍受压迫的年月里艰难地熬着。1932 年秋天，中国工农红军来到他们家乡打土豪、分田地，宣传红军为穷苦人打天下的道理，并号召青年参加红军。当时只有 16 岁的彭德生想法很朴素，他想参军后应该有饭吃有衣穿，于是就报名参加了红军。而弟弟彭德银(现在长沙离职休养)也要求报名参加红军，可部队首长嫌他年龄太小没同意。就这样彭德生离家随部队出发了，部队离开苏区西征，在向豫南地区行军时偶然碰上了弟弟，他原以为弟弟没有参军。原来家乡的其他红军队伍出发时，弟弟硬跟在后面走了三四天，部队首长说：“这个小鬼跟了我们三四天也怪可怜的，就把他收下吧！”于是弟弟被编入了连队，当了电话兵。实际他俩所在部队同属红四方面军，彭德生在红十师，弟弟彭德银在红十一师。后来在西渡黄河时，彭德银所在部队未能过黄河，他跟随中央红军去了延安。

彭德生参军后，即在红四方面军第十师医院当看护，并在总部医院学医。他随部参加了鄂、豫、皖革命根据地反“围剿”斗争。1932 年 10 月开始，他跟随部队翻越巴山进入川北地区，由于当时的医护条件很差，医院里每天都有伤病员在死亡，山坡上天天会堆起十几座土坟。

1934 年 5 月，他调第六分院当医生，后任医院主任，同年因部队转移分院撤销,他又被调红军总医院当医生。1935 年 3 月,红军总医院开始准备长征,轻伤员陆续归队,重伤员被安置在老乡家中,带不走的炊具器皿赠送给周围的乡亲。由于战争中伤员增加,医院的药品和医疗器械奇缺,依靠白区地下党组织购买后秘密运到根据地的只是极小的一部分,依靠红军在战场上缴获的数量也很少,只能依靠他们这些医务人员自力更生,试制急需的药品和器械以及从山上采集中草药来解决。在长征途中,医院的民夫挑着中草药的担子,把四川的党参、黄连、天麻、川芎,一直送到了松潘草地,把中草药分成数份让战士们背着。这时,彭德生又被调到红三十军第八十九师卫生部当医生。

部队行进到甘肃漳县,彭德生由红三十军卫生部宋杰主任介绍,光荣加入中国共产党,后在红八十九师卫生部当主任。在艰苦的征战中,他参加了卫生培训班,半天给病人洗伤口换药,半天学习,掌握医学知识。最初,麻药奇缺,给伤员开刀时,只能凭伤员的忍耐实施手术,后来用白酒和漂白粉混合,通过蒸馏制成一种麻醉剂,他们还用大烟土为原料,制成镇痛片、救急水等药品,他曾为许多部队首长看过病。1936 年 10 月,部队抵达甘肃会宁,他参加了红军三大主力会师。西渡黄河后,他参加了进攻五佛寺、一条山的战斗。进至河西走廊后,他参加了凉州四十里铺、永昌城、西洞堡、倪家营、三道柳沟、梨园口战斗。在河西走廊惨烈的战斗中,他背伤员、搞包扎,救治过的战友数不清,可让他记忆犹新的是曾给自己所在部队的红八十九师师长邵烈坤看过眼伤。邵

2003 年清明节彭德生在西路军纪念馆

比起牺牲了的战友，我很幸运，我看到了新中国的成立，过上了好日子，我很知足了。

师长在倪家营战斗中一只眼睛受伤，他看伤势重，就先做了简单处理，战斗结束后师长才下来治疗、休息。

1989 年彭德生(二排左五)在张掖地区流落红军座谈会上

1937 年 3 月，西路军石窝会议后，彭德生因脚冻伤，不能随部队行动，与其他伤病同志留在山里，自行“游击东返”，但到甘肃靖远时被国民党部队抓去当兵。同年 8 月逃出，走到兰州庙滩子时，又被骑兵团抓去顶兵。1939 年他被调团部医务所先后当看护、司药、军医。1943 年在国民党第九十一军辎重团医务所当军医，后到张掖国民党被服厂当医生。1947 年他脱离国民党军队在张掖城行医。

1948 年，彭德生在经历过十年的流落“难肠”后，在几个好友的帮助下，在张掖南街小什字开了个诊所——德生诊所，维持全家的生计。张掖解放后，他见到了解放军，向组织谈了自己的情况，要求继续在部队服务。部队首长说地方建设也需要人才，于是他留在了张掖。1952 年 8 月，甘肃省卫生厅要求张掖县开办三个农村诊所，彭德生知道后立即报了名，被分配在大满筹建卫生院。到大满后只有一院政府修好的空房子，其它设施一件没有，彭德生把自己在德

陈云之子陈元(右)与彭德生亲切交谈

生诊所的全部物品搬去先开办了诊所。

彭德生(左二)在陈云诞辰100周年座谈会上

自从离开家乡，彭德生就没有回去过。1955年，弟弟彭德银在中央党校学习，写信来让他到北京见面，彭德生到北京后他们一起回了趟安徽老家。

文化大革命中，彭德生被打成“叛徒”，脖子上挂着大牌子，上面写着“叛徒”“特务”。他说自己曾给李先念看过病，卫生系统派人去北京调查，证明了他的红军身份才罢休。后来组织上先后派他赴二十里铺、上秦等卫生院工作。三年困难时期，彭德生在上秦卫生院工作时，面对社员因饥饿带来的生命威胁，他心急如焚，自己用枣子、红糖、炒面做成康复丸给病人发，用来挽救生命。大队书记带着他一家一户跑，帮助群众共度难关。他的老伴张桂芝回忆：“在困难时期，老百姓都没有吃的，但他们还把推的豆面和采的沙枣树叶子给我们送来，我们心里很过意不去。我生了七个孩子，三女四男，娃娃多，现在都已经成家立业，回想起来，当年没有老百姓帮助，我的七个孩子是难以全活过来的。”

2006年彭德生接受中央电视台《长征·不朽的魂》摄制组采访

1962年，彭德生奉命回到大满。后来周总理派“六·二六”医疗队

比起牺牲了的战友，我很幸运，我看到了新中国的成立，过上了好日子，我很知足了。

2006 年彭德生与老伴张桂芝在家中

到张掖，大满是一个点，他领着医疗队的同志下队为群众检查身体，使不少病人在短期内得以康复。

1959 年、1978 年，他先后出席过县、地、省卫生系统先进工作者代表大会，1982 年还被甘肃省政府授予“先进工作者”称号。自 1986 年彭德生退休后，一直住在甘州区南街一处平房里，房子小人口多，他也不向组织和领导申请解决这些困难。当家人抱怨时，他却常对家人讲：“比起牺牲了的战友，我很幸运，我看到了新中国的成立，过上了好日子，这都是党给的，我很知足了。”1994 年，彭德生搬进了宽敞的楼房，如今，90 多岁的老人已儿孙绕膝，颐养天年。

（姜明周　王　雷　王婷玲）

任廷栋——光阴的故事

任廷栋找部队无望又做了匪兵，逃出张掖又来到张掖，逃来逃去还是在这块浸透过自己战友鲜血的土地上。

1937年红西路军征战河西失利后，马匪军的凶残悍将韩起功使用极其残忍的手段杀害被俘红军战士，成为两手沾满红军鲜血的千古罪人。1949年解放大军挺进大西北，马匪军土崩瓦解之时，韩起功带着残部逃进祁连山，其行踪恰被一名流落红军发现，并连夜赶到张掖城报告解放军，解放军一举擒获马匪头目韩起功。

那名在擒获韩起功时立下大功的流落红军，名叫任廷栋。

任廷栋，男，原名林寅，又名林海滨，1916年生于安徽霍山县。1928年7月，中共霍邱县委发动“文字暴动”，一夜间，在全县集镇和交通要隘张贴和散发革命标语、传单，对霍山地区也影响极大。任廷栋就是从这些标语和传单上最早知道了共产党、红军、打倒日本的名词。1929年，才13岁的林寅带着一种好奇参加了中国工农红军，被编入红四军第十师第二十九团当了一名红军战士，几个月后他当了班长，之后又调到新兵连担任排长。因他在部队进步快，第二年调红军三十一军第九十三

1964年任廷栋(后右一)在流落红军座谈会上

师第二七六团政治处任团委书记，参加了鄂豫皖反“围剿”斗争，其间经历了黄安、商城、潢川、苏家埠四次战役。1932年底，部队西征转战，创建了川陕革命根据地。林寅于1933年调任第九十三师政治部干事，在反“三路围攻”中参加了仪南、营渠、宣达三次进攻战役，继而又参加了更为激烈的反“六路围攻”和举世闻名的长征，经历了严酷的革命斗争锻炼。长征途中，组织上派他到总部学习无线电台操作，而后被分配到红四方面军第三局无线电学校电台担任报务员。1936年10月，他参加了红军三大主力抵达甘肃会宁的胜利会师。同月下旬，红四方面军渡过黄河开始西征，景泰战斗之后，部队改编组成西路军进入河西走廊，林寅随同西路军挺进的足迹，经历了红西路军血战河西的全部过程。

1973年任廷栋(后中)在流落红军座谈会上

1937年春，他又被调到红三十军当战士。3月14日，西路军在祁连山召开了“石窝会议”。为了保存势力，会议决定将剩余部队编为三个支队分散行动，林寅被编在左支队，跟随李先念在祁连山中向西转移。经过40多天的艰苦跋涉，部队终于走出祁连山，到达安西。不幸部队又遭遇马匪军前后夹击，左支队边打边撤，在白墩子被敌军包围，一直激战至天黑，部队突围后被敌人打散。林寅和战友们在戈壁滩上隐藏一夜，第二天又遇马匪骑兵拉网式的搜捕。林寅与160多名红军战士一起不幸被俘，他们这批被俘红军在安西县城被关押7天后，押解到张掖。

任廷栋找部队无望又做了匪兵，逃出张掖又来到张掖，逃来逃去还是在这块浸透过自己战友鲜血的土地上。

红军战士林寅与张掖结缘，就从这时开始。他们来到张掖后，被关押在北街上一个破旧不堪的骆驼店里。林寅身陷牢笼，心里想念红军部队，寻思着一定要找机会从这儿逃出去。他乘着放风晒太阳的机会，仔细观察周围的环境，发现有一段院墙是用木桩栽在地下编成的，就和一个战友暗暗商量好，半夜时分悄悄摸到墙边，两人合力拔掉一根木桩，乘着夜色逃出了骆驼店，装作拉粪的乡下人，随着拉粪的大车混出了城。

天亮时，他们在一个村子旁边的庄稼地里碰见一位拔草的大嫂，那位大嫂看出两人是红军娃子，就告诉他们说："马匪兵到处在搜查，这里藏不住，你们快向东边走吧。"那大嫂指了一条路，还把身上带的几块饼子送给了两名落难的红军。

他们只知道他们的部队在黄河东面，于是两人一路乞讨，躲避着马匪兵的搜捕，一直向东走去寻找部队。经过了几个月的艰苦行程，他们靠着两只脚板，跋山涉水，直到入冬时节，才远走千里越过黄河到了兰州。他们俩不敢进城，从城外绕山道又走数百里，到了偏僻的临洮县上营村。其时已是天寒地冻，两人都已饥寒交迫，再也不能行走了，就停下来，给当地的老乡打短工，背柴、挖地、搬石、送粪，各样农活都干。为了不暴露身份，他们隐姓埋名，林寅改名为任廷栋。

1979 年任廷栋(前右)在流落红军座谈会上

在那个兵荒马乱的年月，国民党匪兵的魔爪到处伸，即使任廷栋在偏远的山村隐藏，一年后，还是被地方的保长发现，把他卖了壮丁，被编入国民党中央军骑兵第十师谭辅烈部当兵。巧合的是，1941 年，谭辅烈部进驻张掖，任廷栋和张掖的缘分就这样又接续下去，而且从此以后再也没有离开，一生都成了张掖人。

1984 年任廷栋(左一)与王定国、杨文局等红军姐妹合影

任廷栋历尽坎坷，九死一生，阴差阳错穿上了国民党军队的军服，但他心里始终未忘记自己是一名来自红色苏区的红军战士。他曾经为了一个神圣的目标而浴血奋战，虽然红西路军寡不敌众暂时战败，但他深信革命战争的烈火必能继续燃烧下去。他怎能换一身军装反过来当敌人的兵呢？张掖是他最为刻骨铭心的地方，他绝不能扛着敌兵的枪行走在这一方洒满红军鲜血的土地上！没几天，他就找机会决然逃离了国民党军队的营地。

任廷栋像上次一样，再次逃出张掖城。这一次他沿着红西路军战斗过的地方，一路向南，进了祁连山。也不知钻过了多少条山沟，走了多长的山道，最后到了一个叫灰条沟的地方，找到一个小煤窑，便在那儿落下脚，在煤窑上背炭。

那个煤窑叫小沟门，山大沟深，马匪兵很难来到此间，还有几个流落红军也隐身在这里，任廷栋从此就在小沟门以背炭为生。

任廷栋找部队无望又做了匪兵，逃出张掖又来到张掖，逃来逃去还是在这块浸透过自己战友鲜血的土地上，与张掖的缘分可能再也解不开了。于是，经人说合，任廷栋与煤窑上一个叫彭秀英的做饭的女子结为夫妻。彭秀英是长安乡万家墩的农家女，从此以后，夫妻俩就在煤窑上艰苦度日，不觉过了近十个年头。

灰条沟的小沟门地处深山之中，对外界的世事变化一点不知。转

任廷栋找部队无望又做了匪兵，逃出张掖又来到张掖，逃来逃去还是在这块浸透过自己战友鲜血的土地上。

眼到了1949年，任廷栋还不知道，人民解放军已胜利挺进大西北，马匪军土崩瓦解，张掖城已经解放了。一天早晨，任廷栋起得很早，刚出窑洞，忽然听到山沟里人声嘈杂，走过去一看，见有一伙散兵吆喝着一群牦牛，驮着箱子、包袱、行李，正慌慌张张往深山里走，其中有个五十多岁的胖子蜷伏在一匹马上，黑黑的长胡子飘在胸前，几个带枪的士兵簇拥在两旁，看样子是个当官的。过了两天，任廷栋在山头上转悠，碰巧又看见一个穿着军装的匪兵，说要找点水喝。任廷栋正想打听一下外边的消息，便把那匪兵领到窑洞里，打问张掖城里的情况。那匪兵说："日奶奶的，共党嘛，一刮进了城。"任廷栋心口猛地一跳，这么说我们的队伍又打回来了！他急切地渴望知道外边的详情，就跟那匪兵套近乎，故意挽留匪兵吃饭，绕着弯子问他要到哪里去。那匪兵说："我看你够朋友，就对你说实话，我是韩军长派到张掖城里去打探消息的。"任廷栋听了又是一惊，忙问韩军长是谁？那匪兵说："就是韩起功呀，他当了马长官的骑兵军长，被解放军打败了，退到山里边来了……"

任廷栋听到这个消息，心中真是万分激动，十几年过去了，终于盼到了这一天！这么多年来，他虽然被困在深山，可心中那一团火始终未曾熄灭，他盼着自己的队伍终有一天能够战胜马匪军，解放大西北。这一天总算来到了！这时刻，他不禁回想起当年韩起功在张掖残杀红军的情景，心中再也难以平静。韩起功杀了我们那么多的红军战士，今天绝不能放过这个杀人不眨眼的刽子手，我这个还活着的红军战士，一定要为那些死难的战友报仇！

1990年任廷栋（后左一）在流落红军座谈会上

于是,任廷栋连夜起身,赶了一百多里路,第二天中午时分赶到了张掖城。张掖城大大变了样,城内到处红旗招展,解放军战士在街上来来往往,还有宣传队在大街上宣传演讲。任廷栋看着战士们军帽上的红五星,禁不住心潮滚滚!

任廷栋找到军管会,汇报了韩起功的行踪,部队首长紧紧握住任廷栋的手说:“同志,谢谢你!这些年你吃苦了,欢迎你回到革命队伍中来!”任廷栋顿时热泪盈眶。

经部队首长研究,根据当时的形势,最好的策略是争取韩起功自己下山投诚,而完成这一任务的最佳人选就是任廷栋。军管会的范江海科长向任廷栋说明了组织上的决策,问他敢不敢去见韩起功,任廷栋胸脯一挺,响当当地回答说:“咋就不敢呢?我当过兵,不害怕!”

那一天是1949年9月22日,任廷栋带着军管会的劝降信,又约上一位姓苏的流落红军,两人一起进了山。他们赶了一百多里路,经过碴子峡,找到韩起功一伙隐身的火烧沟台。那里有一些窑洞,山沟里游动着十来个匪兵,此时的任廷栋浑身是胆,大喝一声:“谁是韩起功?”那些匪兵急忙端起枪来,惊慌地问:“你是什么人?”任廷栋威风凛凛,响亮对答:“我是中国人民解放军的代表,叫韩起功出来说话。”

这时的韩起功已成惊弓之鸟,他带着残部逃进深山后,所携带的黄金和银元又被部下抢走,还遭了一顿痛打,惶惶如丧家之犬。一听解放军来了,他不敢怠慢,慌忙走出窑洞。他看了解放军的劝降信,想到而今大势已去,若再顽抗下去只有死路一条,当即找他的部下商量,经过一阵吵闹,穷途末路之下,只得向解放军投诚了。

任廷栋为人民立下了大功,受到军管会的表彰奖励。随后,军管会就介绍任廷栋到张掖县参加地方工作,当了自卫军营长,后来又担任张掖县八区区长。1950年,任廷栋重新加入中国共产党,1953年调任张掖县供销社主任,当选为县委委员。

但是到了文化大革命中,造反派查出任廷栋曾经当过国民党的兵,不由分说,把他打成了“叛徒”。任廷栋在那场风暴中再遭劫难,任

任廷栋找部队无望又做了匪兵，逃出张掖又来到张掖，逃来逃去还是在这块浸透过自己战友鲜血的土地上。

凭有一百张嘴也说不清，他从十几岁就投身革命，风风雨雨几十年，历尽人间沧桑，且为人民立过殊功，只不过在身不由己时被国民党保长卖过壮丁，怎么就成了叛徒呢？幸而，他的儿子及时给红西路军的老首长徐向前元帅写信，很快，收到了自己曾是红军的证明书，任廷栋才得以平反。

1980 年，任廷栋从工作岗位上退休。1984 年组织上给他换发了“西路军红军老战士光荣证”。1991 年 11 月 28 日任廷栋辞世，享年 75 岁。

（田　瞳）

他长期隐居祁连山中，装聋作哑，在肃南一带靠给人挖煤为生。

任金山——会说话的哑巴

任金山，男，原名任章云，1919年出生于四川省蓬溪县的一个贫苦农民家庭。1933年3月，他在四川广元参加中国工农红军，成为红四方面军总供给部的一名战士。随后他参加了川陕革命根据地反“三路围攻”和仪南、营渠、宣达三次进攻战役，以及反“六路围攻”等战斗。1935年3月，他强渡嘉陵江随军长征和战友们一起为筹集、保卫粮食等军需物资，同国民党军队、地方反动武装进行了多次战斗，保证了对大部队的物资供给，他个人也经历了一次次生与死的考验。

1936年10月，他随部队到达甘肃会宁，参加了红军三大主力会师，同月随红四方面军总部渡过黄河，征战河西走廊。在经过惨烈的古浪战斗后，任金山随所在部队行进至高台时与国民党马匪部队进行了数日的浴血奋战，终因弹尽援绝，部队分散突围。之后，他与部队失去了联系，隐居在祁连山中。

1971年任金山全家照

为了隐蔽自己的身份，他装聋作哑，在肃南一带靠给人家帮工放羊、拾柴、挖煤糊口。在那段日子里，羊圈、草房、煤窑，哪里能遮风挡雨，哪里就是他的居所。一年四季，春夏秋冬，没有第二件换洗的衣服，头发长得象野人，分不清是男是女。主人使到哪他就干到哪，从不敢偷懒怠慢。一次，搜山的马匪兵到他帮工的煤窑，发现他不象本地人，就问他：“你是不是红军娃子？”开始他还比划几下，再问他就只顾低头干活。气急败坏的马匪兵看问不出什么，就把他毒打了一顿。想说话又不能说，这样的日子不知熬到何时？有时在深山没人处他就大吼几声释放一下心中的烦闷，有人时他就用手比划，这样熬过了漫长的12年。

驻地官兵为任金山检查身体

张掖解放后，任金山该开口讲话了，可长达12年的哑巴生活，使他只会比划，却不怎么会说话了。在当地老乡的帮助下，他走出了大山，背起简单的工具，流转在民乐、张掖一带，靠给人修鞋维持生活。渐渐地，接触的人多了，任金山开始与人交流讲话了。1956年公私合营时，由于他有修鞋补鞋的手艺，就在张掖县布鞋社参加了工作。在工作中，他不计得失，兢兢业业，赢得了工友们的赞誉。可是，由于各种原因，他一直没有说明自己的红军身份，直到

任金山(左)为牺牲的战友敬献花篮

他长期隐居祁连山中，装聋作哑，在肃南一带靠给人挖煤为生。

“社教”时，才向组织作了说明了情况。由于工作出色，他又被调入张掖县皮鞋厂工作，直到1981年退休。

参加工作后，已经30多岁的任金山结束了漂泊不定的生活，经西路军女战士杨秀兰介绍，任金山与本地姑娘杨桂香结为夫妇，终于过上了平静的生活。婚后，他们育有三个子女，如今都已成家立业。

任金山在西路军纪念馆

任金山的原住处离张掖铁校较近，所以他长期被学校聘为校外辅导员。在学校，他经常给学生们讲红军长征时爬雪山过草地的艰辛，讲红军战士英勇战斗的事迹，讲幸福生活的来之不易，勉励学生珍惜时光，努力学习。他不但在外面给别人讲红军的优良传统，而且对家人、子女和自己要求也很严格。儿子下岗后，这个本来就不宽裕的家庭在经济上更为拮据，但这一切在他眼里都不以为然。儿子任福田说：“父亲从小就过惯了食不果腹、衣不蔽体的日子，他经常对我们说‘只要不饿肚子就是好生活’。从解放到现在，父亲从没有向组织上提过任何要求。”

任金山退休后，一家人一直住在火车站附近的几间小平房里，一住就是十几年，有很多不便。直到前些年因他年事已高，才由政府资助、子女们凑钱买了楼房。

2005年8月，任金山走完了他86个春秋的人生旅程。

（姜明周）

遭敌人遗弃后的沈玉芳被扔到荒郊野外，过了大半天才醒了过来，她吃力地爬过去侥幸地打探有没有活着的战友。

沈玉芳——风雨飘零花落去

沈玉芳，女，1914年出生于四川省江油县，幼年家境贫穷，从小就给人家当童养媳，幼小的心灵中就埋下了人生艰难痛苦的种子，饱尝了做雇工挨打受气、忍饥挨饿的滋味。1933年，红军来到江油，19岁的沈玉芳参加了红军，在红四方面军第九军卫生队当看护员，由于她工作认真负责，思想进步，参军一年后就光荣加入了中国共产党。长征途中她以坚忍不拔的毅力和百折不挠的精神，克服气候恶劣、行军劳累、药品奇缺的困难，救护伤病员。

1936年10月随军渡河西征，她在红西路军总部卫生队任排长，在古浪城、永昌、临泽城、倪家营、梨园口等数十次战斗中，她不惜生命之危在枪林弹雨中抢救伤病员。

1937年3月，沈玉芳在梨园口战斗中不幸被俘，被马匪军解往青海，挨打挨饿受冻，还受尽了马匪军的蹂躏。尽管她和难友们互相鼓励并利用各种方式进行反抗，但还是在被折磨得昏迷不醒后被遗弃。

遭遗弃后的沈玉芳被扔到荒郊野外，过了大半天才醒了过来。她看见四周都是斜躺横卧的战友的尸体，侥幸地打探有没有活着的战友，摇摇这个，叫叫那个，探了半天无一幸存者，她流着泪，摘掉帽子和大家告别。她试着一站，发现一条腿被敌人打坏不听使唤，怎么也站不起来，于是就向灌木丛中爬行。大约只爬了两里路程，她浑身疼痛，饥饿难忍，正在绝望之时，对面走过一个人来，那人极其惊异地把她叫了几声，又蹲下来问：怎么你满脸血迹？是不是遭狼虫伤害？哪里人氏？问了好多，可她百问不答,她装作哑巴,她怕说话漏出口音再招横祸。

来人叫杨有芳，甘肃民乐人,父母双亡,家贫如洗,从小给人家做雇工,后被马敌韩起功部抓了兵,因受不了虐待,在一次行军途中寻机逃出。逃出后又不敢回家，在山中给牧主放羊,靠混口饭吃打发时日。

1965 年沈玉芳(前左)参加张掖地区流落红军座谈会

沈玉芳觉得来人不是坏人,就说出了自己的遭遇。杨有芳将她背到一个僻静安全的地方,从帐篷取来了炒面、干粮等食物让沈玉芳充饥。

为了御寒和安全，第二天，杨有芳又将沈玉芳送到一个石窑里,他找了些柴,并背去了干牛粪供沈玉芳取暖,还送了一件破棉袄、一顶毡帽让她女扮男装以防万一,备了一桶水和吃的米面。就这样,沈玉芳在那里住了二十多天,身体也养得有精神了,腿也能行走了。沈玉芳想离开那里去寻找部队,杨有芳也怕日子多了让地主发现凶吉难卜,答应送她一程,可他手里又没有盘费。他想了一夜,决定偷走牧主的马顶自己的工钱,第二天,他给牧主写了一个条子,牵了一匹好马,带了一褡裢炒面、干粮,和沈玉芳离开了青海。

经过十多天的昼息夜行他们走到了永昌县新城子,为凑盘缠,杨有芳将马带鞍一同卖了,杨有芳劝沈玉芳与他同回民乐。可沈玉芳找部队心切,要了杨有芳家的住址,发誓如果不达目的,一定去民乐找他,杨有芳将卖马的钱资助给沈玉芳,让她东去找部队。

沈玉芳从永昌新城子跑到八坝,口渴难忍,精疲力竭,想讨口水喝。老远望见有一高庄子,她朝庄子没走多远,两条凶恶的大狗猛扑过来,

遭敌人遗弃后的沈玉芳被扔到荒郊野外，过了大半天才醒了过来，她吃力地爬过去侥幸地打探有没有活着的战友。

沈玉芳被咬了个遍体鳞伤。她拖着伤体走了一里多路，碰到一个大娘，把她领到自己家里。这家人姓刘，男的是个挑担跑乡的货郎，小本生意只能糊口，一家人憨厚老实，给她包洗伤口，给吃给喝。沈玉芳只得一面养伤，一面帮这家人干些零活。

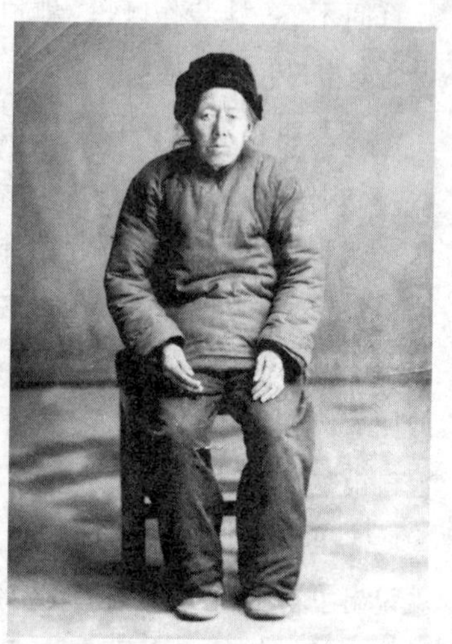

沈玉芳

转眼到了 1938 年秋，经再三考虑，沈玉芳又找到了民乐县洪海乡石卜村（现顺化乡青松村）的杨有芳，两人成家定居务农。

杨有芳回原籍后因家无亲人，独自一人住在向本家借的一间小房里，虽然寒酸，但总算有了一个落脚的地方。此后，沈玉芳结识了流落在民乐顺化乡下天乐村的四川籍战友黄金莲，你来我往成了朋友相互关照着。

民乐解放后，她积极参加生产劳动，人们都称她“杨小奶”。杨小奶有一男三女四个孩子。1970 年，杨有芳去世了，老伴过世后，全家的生活重担压在了她的肩上，她愁肠百结。后来在政府的照顾下，子女都算有了归宿。

1978 年秋，沈玉芳病逝，终年 64 岁。

（张生智）

在被押往张掖的一天夜里，他们走在路上，后面的人就用牙齿咬撕前面人手上捆的麻绳，捆着他的绳扣解开了……

田忠道——深情长留祁连山

生活是一条长绳，往事就似绳上一个一个的结，有着太多太多的积淀。

多年来，我一直有一个夙愿，想把父亲的一生写下来留给儿孙，但久久未能动笔。在纪念红西路军西征70周年的时候，才动笔写下这纸回忆文章，缅怀已长眠在祁连山23年的老父亲。

1983年4月30日那天，父亲走了，他走得那样匆忙，带着许多遗憾、渴盼和无奈走了，临终没给儿女留下一句话，也没留下一分钱存款，只留下他一生的高风亮节和难以用金钱衡量的品格，终年71岁。

父亲名叫田忠道，1912年出生在湖北省大悟县新城镇杨仕边村一个贫农的家中，兄妹四人，他排行老大，童年只在田氏祠堂的私塾里念过一年书。1926年的一天晚上，在舅父徐海东带领下，他与同村的田忠恕、田忠昌一帮小弟兄13人约定在祠堂门前的大柏树下，背着家人参加了中国工农红军大悟工农赤卫军。父亲走时才14岁，我奶奶念子心切，昼夜在四周的山岗上奔跑呼喊，心急生疯，神经错乱，不停喊着我父亲的小名，不吃不喝，哭叫不

1961年田忠道与儿子合影

止，不久就在饥饿与疾病中死去。

1927年，鄂豫皖根据地建立时赤卫军转为红军十三师，我父亲在直属三营当警卫员。1930年红十三师改编为红军第一军团，后又改编为红四军团，他随部先后参加了鄂豫皖革命根据地一至四次反“围剿”斗争和黄安（今红安）、商潢、苏家埠、潢光四次进攻战役。1931年10月，红四军团扩大为红四方面军，他参加在平汉路广水至信阳段击败前来进犯的国民党军后，又参加了双桥镇大捷，与敌激战7小时，全歼敌三十四师5000余人，缴枪600余支，敌师长岳维峻被活捉。

1931年12月，他参加了黄安攻击战。黄安城城墙高大，碉堡林立，由蒋介石直属部队二师据守，武器装备精良，两军相持不下，后部队决定用飞机轰炸。12月22日上午，部队用缴获敌人的“列宁号”飞机满载炸弹飞临黄安上空，敌人还以为是他们自己的飞机来了，从战壕里、碉堡里跑出来，有的拥到操场里排队集合。“列宁号”扔下一排排炸弹，炸得敌人魂飞魄散，当夜弃城而逃。红军乘胜追击，在黄陂长轩岭将敌全歼，并活捉师长赵冠英。

1932年12月，他随军西征转战到川陕，参加了川陕革命根据地反“三路围攻”和仪南、营渠、宣达三次战役及反“六路围攻”的艰苦斗争。

田忠道（中）为驻军官兵讲革命传统

在被押往张掖的一天夜里，他们走在路上，后面的人就用牙齿咬撕前面人手上捆的麻绳，捆着他的绳扣解开了……

田忠道与妻子郇金怀

1935年父亲被调军直总保卫局特务便衣队，任特务队一排二班班长，参加了空山坝战斗。在黄木椏地区，他参加了著名的万源保卫战，抗击刘湘主力，坚守大面山阵地四个多月，最后粉碎了国民党“六路围攻”，获红军西征以来最大的一次胜利。

1935年，父亲被调军直总保卫局特务便衣队后，不但要参加重大战斗，更重要的是经常进行敌情侦察，要摸清敌人动向。为了工作方便，他经常模仿四川老乡的穿着打扮，身着长衫，头缠白布，背着背篓，长衫下别着盒子枪。当时的川陕革命根据地物资匮乏，便衣队经常接受任务，背篓里背着从大军阀那里缴获的烟土，翻山越岭长途跋涉到陕南的物资集散中心汉中，与杨虎城部交换红军紧缺的西药、棉布等物品。一次，便衣队要到朱总司令的家乡仪陇县马鞍场去侦察敌情，当他们行进在一个峡谷时，恰好与反动武装大刀会迎面碰了头。大刀会是一伙无恶不作的地痞流氓，杀人放火，欺压乡邻，红军早就想铲除他们为民除害，不想冤家路窄，双方都无退路。大刀会仗着人多，见东西就抢，便衣队三十多人与三倍于他们的敌人打了起来，从早上一直打到夕阳西下，消灭了大刀会一百多人，可他们的队长也壮烈牺牲了。时隔不久，父亲又被调军直总通讯连二排任排长。

1935年3月，父亲随部队强渡嘉陵江，参加了红四方面军长征。1936年10月西渡黄河时，他又被编入红九军，过河后，参加了古浪、永昌水磨关、山丹、临泽城、倪家营、梨园口等战斗。

1937年3月12日，在康隆寺的一场恶战中他负了伤，仍和十几个战友据守在一个山头上，子弹打光了，他们用石头砸毁了枪支，十几个生死与共的战友抱在一起，揭开了仅有的一颗手榴弹盖子，准备等敌人冲上来时与敌同归于尽。马匪骑兵挥舞着战刀围上来了，手榴弹的导火索也拉出来了，可是手榴弹的发火装置却没发火，十几个手无寸铁、筋疲力尽的红军战士被敌人活捉了。

被活捉的红军战士都被马敌反剪双手捆着，又用一根长麻绳联成一长串，要押到张掖邀功请赏后活埋。当时的战友们都怀着只要逃出去一个就会为革命保存一份力量的信念，在被押往张掖的一天夜里，他们走在路上，后面的人就用牙齿咬撕前面人手上捆的麻绳，捆着父亲的绳扣解开了，他乘马敌兵不注意，卧倒在一个没水的干沟里。当时沟里尸体很多，生死难辩，敌兵过后，他翻身起来，跌跌撞撞地跑到了肃南大河草原的冲哆罗水一带，有个裕固族牧人别驽（安富才）的帐篷就驻扎在那里。被马匪兵骚扰抢劫得心惊胆战的裕固牧民，听见深夜狗叫声，以为又是马匪来抢劫，别驽一家惊慌失措，全家打算弃房逃跑。就在这时，父亲一头撞进了帐篷，请求给予救护。别驽一家惊恐未定，看到一个浑身是血的红军战士，更加惊慌，窝藏红军要满门抄斩，别驽很为难。最后，别驽咬咬牙，下决心救下这个红军战士，他一边用麝香水为父亲洗伤口，一边吩咐家人烧茶做饭。别驽为了掩人耳目，找出了一件烂褐衫、皮亢沉（高腰皮靴），要我父亲脱下军装，换上裕固牧人的衣服，让他吃饱喝足。在天亮前，别驽在皮袋里装上了一点炒面和小米，拿上了家里

1983年田忠道（左）与邓世儒在肃南县政协会上

的一个单耳铜罐子和一张羊皮，就领着我父亲离开了家，把他送到了一个山谷的石洞里。他又拾来了可引火的干牛粪，拔来了干草铺在石洞里，还一再叮咛我父亲千万不能出山洞，白天不能生火，晚上可用铜罐煮饭。临走又解下拴在系腰上的火镰(引火器)，教会了我父亲引火的方法，才离洞回去。从此，别驽每隔两三天就来看望、送粮，每次来，都从不同方向绕个大圈，唯恐有人发现他的脚印，每次走到山洞附近，就脱掉鞋赤脚走路。就这样三个多月过去了，我父亲的伤养好了，马步芳的队伍也撤走了，别驽才把他领回家，教他说裕固族语言和牧业生产知识，并将他收为义子，就这样，父亲成了大河草原的一员。

在被押往张掖的一天夜里，他们走在路上，后面的人就用牙齿咬撕前面人手上捆的麻绳，捆着他的绳扣解开了……

解放前夕我父亲成了家，每到逢年过节，他都要去看望他的义父，直到60年代别驽老人去世。

父亲流落祁连山裕固族草原后，离开部队就像孩子离开了亲娘一样，时刻思念着部队和他的战友们。但为了生活，他就给富人拉长工、打短工，在裕固族草原上结识了不少穷苦牧民，并和普加录安结拜为异姓兄弟。当时，草原上常来一些奸商，对牧民进行高利盘剥、愚弄和欺骗，父亲曾在高台新坝时给陕西商人积行德字号药铺拉过药匣子，和商人打过交道，学会了一些经商之道。在离开商行时，积行德老掌柜给了他三块银元的工钱，他就置办了一些草原牧民日常生活用品，挑着货郎担摇着把郎鼓，在大河草原和牧民交易。手头有了几个钱后，他

①田忠道和夫人邮金怀　②田忠道与大女儿一家
③田忠道在湖北老家的妹妹一家　④田忠道与孙子在一起

买了一头毛驴，用驴驮着货交易。交道打久了，取得了牧民的信任，牧民就送他一个“田酒”的外号，牧民有事都托他办。

1969 年田忠道一家

1940 年，经人撮和，父亲与高台一家地主的使唤丫头郇金怀成了亲，借住在周姓地主在红崖堡祭祖的家庙里。父亲 28 岁时终于有了一个家。

然而好景不长，1944 年，有了一个孩子，家里添了人口，保长就上门收“锅底捐”。家中无钱交纳，保长用石头砸掉了家中锅底，抢走家中唯一的一床被子，还以抗税之名将一根草绳套在了父亲的脖子上，拉去游街示众。父亲反抗，保长和狗腿子们将他绑在街中心财神庙的柱子上打了个半死，好心人将他抬回家中，四五天都昏迷不醒，在炕上趴了两个多月。伤好后，无法再在高台待下去，他就带着两个孩子讨要落脚到了肃南西柳沟。

田忠道全家福

解放后，高台县的一个流落红军李汝孝当了红崖子的乡长，又将我们

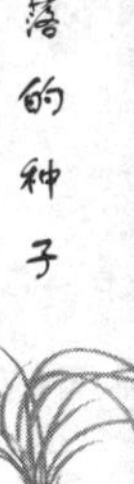

在被押往张掖的一天夜里，他们走在路上，后面的人就用牙齿咬撕前面人手上捆的麻绳，捆着他的绳扣解开了……

一家接回红崖子，分得了土地、房屋和牲畜。居有定所后，父亲就给湖北老家写信，不久就收到了回信，父亲带着全家去了一趟湖北老家。1958年，由于家中爷爷念儿心切，全家又迁居湖北老家。1960年，因水土不服，我们全家又迁回肃南县红光大队（现大河乡）。1973年，因爷爷病重，父亲带着母亲和两个弟弟又迁回湖北，爷爷死后又迁回肃南。

父亲先后四次参加流落红军座谈会，1983年，还出席了肃南县政协会，列席了县人民代表大会。

（田自成）

张克义是个好心人，一听他是流落红军，就悄悄把他收留了下来放牛干活。

王安显——魂寄河西

在红西路军西征 70 周年之际，我怀着对革命先驱无限崇敬的心情，走访了张掖市甘州区乌江镇平原村三社流落红军王安显的后代。

一提起王安显，王安显的儿孙们个个都很有兴趣，娓娓道来，自豪之情溢于言表。

王安显，男，四川达县石桥河人，生于 1915 年，1933 年 11 月在达县石桥河参加游击队，1934 年被编入红四方面军第三十军第八十八师第二六五团第三营当传令兵。1935 年 3 月他随军开始长征，曾当过班长。他长征时爬过雪山，走过草地，用草根、皮带维持过生命。1937 年 2 月，他被调到红三十军军部当传令兵。康隆寺战败失散后他被马敌所俘，在被押往张掖途经甘浚时他乘机逃脱，后到肃南红山湾被一户好心人家掩护收留。白天他躲藏在地窖里，晚上出来给人家干活，就这样整整躲藏了 3 个月。后来，他以讨饭为生，来到了乌江平原村大湖滩，遇到了平原村的张克义老人，他向张

1958 年王安显(后排右一)在流落红军座谈会上

克义说明了自己的身份。张克义是个好心人，一听他是流落红军，就悄悄把他收留了下来放牛干活，并在一个远离村庄的名叫柳墩湾的僻静地方，用草皮垡子垒修了一间简陋的小房子给他住。白天，王安显在这里避难，夜间张克义把王安显领回自家后院的草房里御寒。在张克义的掩护下，王安显一次又一次地躲过了马匪军及民团的"清乡"劫难，幸存了下来。

1964 年王安显(后排左一)在流落红军座谈会上

张克义把王安显当作亲生儿子看待，为了维持生计，在张克义的引荐下，王安显去当地地主张积德家打了几年长工。到 1942 年，经张克义做媒，王安显与平原堡张旭和的姐姐张桂芳结婚定居平原村。

解放后，中央寻找失散的红军，此时王安显已经是 5 口之家了。他不愿意给组织上添负担，对组织上的安排婉言谢绝了。1952 年土改时，王安显分到了当地地主张积德的三间房屋，一家人过着清贫安定的日子。从 60 年代起，由政府每月发给他 5 元钱的生活补助。

1962 年 12 月，由于子女多，王安显一家生活十分困难。他想，要是回自己的老家四川达县，兴许能养家糊口。于是，他独自一人回到老家找到了当地政府和民政部门，达县石桥公社七大队给他出具了一张证明，其大致内容是：

达县石桥公社七大队七生产队社员王安显，1933 年参加红军未归家，现在甘肃省张掖县居住，因二十多年未回过家，又因是老家，所以特申请回老家居住，希公社准予为荷。

达县石桥人民公社也在这张证明信上签注了意见：同意迁居我公社，并请将该红军手续一并转回。他立刻回到张掖，准备办理迁户手

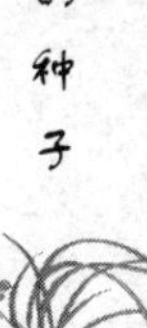

张克义是个好心人，一听他是流落红军，就悄悄把他收留了下来放牛干活。

1973 年王安显(后排左一)在流落红军座谈会上

续，但是，子女们说啥也不愿意回到四川去，王安显也只好打消了回老家的念头。

王安显为人忠厚，50 年代，他在互助组集体食堂当过管理员。后来他一直担任农业社会计。70 年代，他常常被平原堡、乌江公社及周围大队请去作忆苦思甜报告。他对人忠诚，平易近人，讲求原则，倍受周围群众的尊敬和信任。

王安显非常爱学习。王安显嫡孙王定军回忆：爷爷把一本本《毛泽东选集》和《毛主席语录》等书籍当作宝贝珍藏着，不允许儿孙们乱翻乱动。农闲时间，他坚持看书看报，常常用一口四川口音诵读一些文章，直至去世。王安显四子王文班也清楚地记得父亲常常给子女们讲他在长征中的故事：父亲是与伯父一同参加红军的，伯父在一次战斗中牺牲了；父亲在红军中是个班长，过雪山时，一夜之间他们班里就有 9 人被冻死，还有两人奄奄一息。每当讲起他与战士们浴血奋战的情形，说到打了胜战时父亲就十分高兴；说到战友血洒战场牺牲时，父亲就伤心万分。

王安显在长征中多次受伤，腰部和腿部都留下了弹痕，疼痛经常发作。1982 年 12 月王安显去世，享年 67 岁。

(宋进林)

国民党在河西大肆抓兵，因王登元曾经当过兵，王才德就让他顶替自己的儿子王登汉当了兵。

王登元——抚不平的创伤

1923年，在四川省通江县黄家梁一个穷困的小山村，随着一声婴儿的“哇哇”啼叫，一个幼小的生命在一王姓人家降生了。在那个时候，地薄人也贱，因为排行老二，又是个男孩，为了让这个小生命能健康、平安地活下去，慈爱的爹娘给他起名叫王二昌，希望他将来昌盛发达，过上好日子。然而好景不长，安乐、平静的日子没过多久，为生计终日奔波的父亲突然离开了人世，失去了慈祥的父爱，就如同没有了靠山，母子三人也随之失去了生活的依托。在安葬了死者之后，族人便毫不留情地将他们母子三人赶出了王姓家族，可怜的王二昌和姐姐跟随母

被敌人杀害的红军遗体

亲到处流浪。为了生活有着落，也为了让这两个可怜的孩子能有口饭吃，得以继续存活下去，母亲被迫改嫁他乡，却总是不能如意。随着母亲一次又一次的改嫁，他们不断地从这个山湾走到那个山湾，究竟走了多少地方，是些什么地方也都没有记下。就连后来出嫁的姐姐，因为流动得过于频繁，到后来竟然也找不到了。不满10岁的王二昌给地主拾柴做零活混口饭吃，尽管这样，他还是经常饱尝饥饿，日子就这样一天天地过去了。

1958年王登元(后排右一)在张掖县流落红军座谈会上

1932年12月底，中国工农红军第四方面军从鄂豫皖战略转移，涉渭河、翻秦岭、越巴山，解放了川北通江、南江、巴中、宣汉、达县等地，建立了川陕革命根据地。1933年2月，中共川陕省第一次党员代表大会和川陕省第一次工农兵代表大会相继召开，宣告了川陕革命根据地的正式建立。红军的到来，使得通江县的天空顿时分外明朗了起来，农民们个个喜气洋洋，小王二昌也跑去在大人堆里凑热闹。被红军深深吸引的王二昌苦苦哀求娘亲，求她让自己去参加红军。看着年仅10岁，又瘦又小的王二昌，想想孩子平日所受的折磨，当娘的心头隐隐在作痛，或许当了兵这孩子就不会再挨饿，不会再受苦了，一咬牙，一狠心，母亲就带着王二昌去找部队首长。听了母子俩的诉说，看了看这个个头不大但很机灵的小家伙，部队首长点了头。王二昌是高兴了，但母亲眼里却滚动着泪花，“儿行千里母担忧”，更何况这么小的孩子啊！这一去，不知道什么时候母子俩才能相见！1933年5月，王二

国民党在河西大肆抓兵，因王登元曾经当过兵，王才漉就让他顶替自己的儿子王登汉当了兵。

1964 年王登元(后排中)在张掖县流落红军座谈会上

昌在中国工农红军第三十军军政治部宣传队当了一名小小的宣传员，开始了自己的从军生活，从此也再没能和慈祥的母亲见上一面。

参加中国工农红军后的王二昌跟随大部队历经了川陕革命根据地的艰苦作战，使革命根据地不断得到扩大。1934 年 9 月，敌人的“六路围攻”被粉碎后，蒋介石又策划了“川陕会剿”，妄图消灭红军。为粉碎国民党“川陕会剿”的阴谋，配合中央红军长征西进，1935 年，红四方面军乘敌“川陕会剿”尚未布置就绪之际，于 3 月 29 日克苍溪、阆中一带，造船一百余只，强渡嘉陵江成功。王二昌跟随中国工农红军四方面军开始了长征。

在漫漫征途上，王二昌跟随大部队走过草地，爬过雪山，历尽了千难万险，吃过草根，嚼过皮带，尝尽了千辛万苦。或许是年幼机灵，王二昌备受战友关爱，他没有被草地吞没、雪山掩埋、敌军打死，而是顺利跟随大部队来到了甘肃境内。

1936 年 10 月，西渡黄河后的红军执行“宁夏战役计划”，在景泰五佛寺驻地，机灵、勇敢的王二昌一刻也没有停留，立即着手开始刷写标语，并进入农户家中，向当地群众宣传红军的政策，号召群众积极参加抗日。后因战局变化，“宁夏战役计划”未能执行，渡过黄河的中国工农红军五军、九军、三十军改称西路军，挺进河西走廊，开始了孤军奋战的悲壮征程，这一年王二昌才 13 岁。

在那种无日不战，无粮、无衣、无援的情况下，他参加了凉州四十里铺、永昌城、张掖西洞堡、临泽倪家营、三道柳沟等地血战，有时被敌人追急了，王二昌就爬到死人堆里，躲避敌人的追杀。

1937 年 3 月 12 日，为了掩护总部和伤员转移，红三十军战士又与敌军骑兵展开殊死战斗，最终梨园口作战失利，侥幸活下来的红军战士也伤的伤，残的残，各自结伴，分头突围。王二昌在突围中被马匪军俘获，在张掖城里被关押了 7 天。被俘的王二昌一天也没忘记部队首长的临终嘱托，一定要想办法离开这儿。一天傍晚，在被押往青海省路经张掖廿里堡上寨子（今陈寨村）的路上，机灵的王二昌乘押送的敌人不注意，溜进了旁边的一条沟壑里，顺沟来到了一农民家，被好心的主人王志林藏在自家草房的夹道里。因为敌人到处搜查，无奈之下王志林又把王二昌送到一条沟里让他自己逃命。王二昌谢过了救命恩人，顺着一条大沟来到大沟沿时天已大亮，就这样王二昌流落到了张掖。为了躲避马匪不停地追捕，王二昌白天躲藏在山沟里或田坳里，晚上出来找吃的，先后在张掖陈寨子、王寨子以讨要为生度过了一段颠沛流离的日子。

1938 年 3 月间，四处游荡的王二昌在宋王寨讨饭时被当地农民王才德撞见，见他孤身一人，破衣烂衫，蓬头垢面，就问他是干什么的，王二昌见面前这个中年人面容和善，就说明了自己的身份和目前的处境。得知他是红军战士，王才德就收留他做了自己的养子，并改名叫王登元，让他与自己同岁的独生子王登汉一起放牛、拾柴。因马匪抓兵搜

1985 年王登元（左一）在张掖地区流落红军座谈会上

国民党在河西大肆抓兵，因王登元曾经当过兵，王才德就让他顶替自己的儿子王登汉当了兵。

查频繁，王才德东挪西凑，用大烟土打通了关节，王登元才算摆脱了敌人的搜捕，在王才德家过了一年多平静的生活。

1986 年王登元(前排右一)在张掖地区流落红军座谈会上

1939 年 4 月，马匪军又开始了疯狂的清乡恶行，为躲避捕杀，16 岁的王登元再度离开了这个安定的家，来到马站村一个姓李的保长家干了 5 个月的农活，后来又到王寨子、陈寨子等地靠给人家干农活、打零工维持生活。

1941 年 5 月，国民党在河西大肆抓兵，因王登元曾经当过兵，马匪军又不时地在搜寻，王才德就让他顶替自己的儿子王登汉当了兵。在国民党的部队，王登元被编入傅作义的三十五军工兵连，投入到了轰轰烈烈的全民族的抗日战争中，因工作出色，曾一度担任连长。抗日战争胜利后，蒋介石集团不顾全国各族人民的反对，悍然发动了第三次国内革命战争，王登元也被迫随傅作义部追随蒋介石打内战。随着战争局势的不断发展，国民党军队节节败退，在平津战役中傅作义毅然弃暗投明，于 1949 年 1 月率部接受和平改编。王登元跟随傅作义部起义后，积极地参加了中国人民解放军，又投身于反对蒋介石集团解放全民族的斗争中，并在十九兵团一二九师一营机枪连当班长。战争结束后，1949 年 9 月王登元复员回到了甘肃张掖，把王才德的家当成自己的家并于同月担任了张掖县平彝区王寨乡的乡长。此后王登元一直居住在甘州区党寨镇宋王寨村二社，积极带领当地农民群众发展农业生产。抗美援朝战争爆发后，王登元响应国家号召，积极动员当地农民参加抗美援朝战争。

土地改革时,王登元也分到了几亩田地。1953 年,已近而立之年的王登元经人介绍,和宋王寨村年仅 17 岁的宋秀英结为夫妇。因为田地离家很远,自己又在乡上工作,妻子一个人在家忙不过来,就让妻子的娘家帮助耕种,但日子久了,终归不是个事儿。这一时期国家开始实施第一个五年计划,因为没有文化,他感到工作的压力越来越大。再加上第一个孩子的降生更是让他工作、家里两头跑,忙得焦头烂额,在这种情况下,王登元主动向组织上提出申请,请求回家务农,照顾家庭,发展生产。1954 年 7 月,王登元回到了家里,一边照顾妻儿,一边参加农业劳动。婚后的王登元夫妇共育有三男两女。虽然长期生活在农村,子女无一人享受政府优待,但王登元一直感到很欣慰:和那些牺牲在战场上,饿死、冻死在长征途中的,惨死在敌人刀枪下的,有些甚至连名字都不知道的战友们相比,他毕竟侥幸活了下来,而且有了自己的家,有了自己的孩子,他已经很知足了。

"大跃进"时,因为频繁地搬家,王登元参加红军和在傅作义部队当兵的证件都弄丢了,失散后流落在河西的战友们都下落不明,又找不到老家的人作证,流落红军身份就一直没能得到落实。1964 年,村里掀起了一阵"清政治、清经济、清组织、清思想"的社会主义"四清"运动,到处都有人在叽叽咕咕地说一些斗争之类的话,想到自己自西路军失败流落后又被迫参加了国民党傅作义的部队,害怕累及家人的王登元就吓得什么话都不敢说。6 个月后,这场运动结束了,但经历了太多坎坷的王登元却也再不愿意提起这件事儿了。

王登元

随着时间的流逝,局势的日渐稳定,在不断地听到一些仍然健在的战友们先后都落实了流落红军的政治待遇后,思量再三,

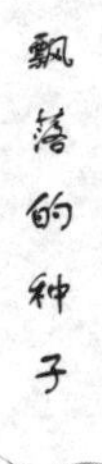

国民党在河西大肆抓兵，因王登元曾经当过兵，王才德就让他顶替自己的儿子王登汉当了兵。

1979 年 4 月 14 日，王登元终于鼓起勇气提起笔正式向组织递交了一份申请书，请求落实自己是西路军红军老战士的身份。因为老家已没有人能作证明，在战友的互相帮助下，经组织调查，1985 年 4 月，王登元才被民政部门认定为西路军红军老战士，享受流落红军待遇，他感到自己心头像卸下了一块积压多年的巨石，顿时轻松了许多。

1990 年农历正月 29 日，患病多年、备受疾病折磨的王登元溘然去世，享年 67 岁。

（王婷玲）

王怀文——龙王庙的小道徒

王怀文，男，1918年10月28日出生在四川省江油县大康乡九仙坝村的一间茅草房里，是世代为农的主人王文国和妻子李氏的第五个儿子。这个孩子的降生并未给已有4男3女7个孩子的家庭带来喜悦，反而让捉襟见肘、常常借米下锅的父母愁苦不堪，这个家庭的负担太沉重了。

面对渐渐长大的孩子，王文国没有别的办法，就在孩子8岁那年，夫妇俩答应将他送给本村只有一女且求子心切的牟崇仁做义子，并给他取名王怀文，希望他能在义父母的支持下念书识字有文化。

过继那天，王怀文扯住母亲的衣角，拼命嚎哭，他不愿离开自家的茅草屋，不愿离开他的同胞兄妹们，更不愿离开他的父母。可现实对小怀文及其父母是那样的残酷，田里的收成一年不如一年，年年青黄不接，8个孩子两个大人十张嘴，已经到了无米下锅的境地，能活一个算一个，瘦弱的小手被两只干瘪的大手送到了另两只大手之中。牟崇仁答应，过继后送孩子读书，但

1948年王怀文(左)与搭救他的道士徐合德合影

他必须姓牟，并给他改名叫牟正文。

从王家到牟家，只不过是换了一家干活而已，膝下无子的牟妻生怕孩子读了书，识了字，睁了眼，这个家中留不住他，便毁了先前的承诺。小怀文割猪草、放牛、砍柴禾，天天做着同样的事情。当他看到读书的孩子走进学堂时，他多么羡慕啊！可是，食言的义父母却不让他坐在里面。

1958 年参加“镇压杀害红军的刽子手”的万人大会的红军代表合影（前排中为王怀文）

渐渐地，他放牛、割草的范围越来越缩小到学堂周围，来自里面的声音常常使他忘了自己的活计，也常常少不了母亲的责骂、抽打。受气挨打使他对义父家厌恶至极，忍无可忍，1930 年，刚满 12 岁渐谙世事的牟正文逃出牟家，从江油跑到北川县，在一赵姓的地主家中当了长工挣饭吃，仍改名叫王怀文。

就在那一年，城里、镇上叫“暴动”的事此起彼伏，王怀文并不知道什么叫“暴动”，只看见穷人都手持刀矛、棍棒冲入县城，进行抗捐。将罪大恶极的地主拉到台子上批斗，地主就会分一些粮食给穷人，而每次“暴动”后，赵地主也会每顿给他们几个长工加一碗汤一个馍。

1932 年 12 月，中国工农红军四方面军开进四川，在通（江）、南（江）、巴（中）地区建立了川陕革命根据地。1933 年 6 月，红军队伍一支接一支地来到北川，并不时有口号声响起，苦难的劳动人民奔走相告，热烈欢迎这支队伍的到来。王怀文听说这是共产党的部队，叫“红

军”，红旗、红星、红缨枪、红袖标到处闪，整个江油、北川一时成了红色的。农民们到处开会、听演讲、贴标语，妇女也有放脚、剪辫子的，“参加革命”成了穷人使用频率最高的词汇。街上出现了母亲送儿子、妻子送丈夫参军的踊跃局面。王怀文也时不时跟在后面看热闹，有时也跟着喊口号，他的行为令赵地主极为反感。

赵地主将自己的财产藏在了三处，并由自己、老婆和儿子各守一处，还传言说开过来的部队是红军，是共产党，共产党就是共产共妻，要打土豪，给穷人分配财产。看到这一切，王怀文明白了红军是人民的军队，他领着红军，将赵地主的全部财产没收，分配给了穷人。从此，王怀文再也无法在赵地主家待下去了。1933 年 7 月，听说红军扩编，王怀文就与几个年长的长工来到江油，找到部队首长要求参军。首长看他年纪太小，怕留在部队会有许多不便，就拒绝了他。可王怀文再三恳求，首长看他参军心切就勉强留下了他，并将他编入红四方面军第九军第二十七师第七十五团做传令兵。参军后的王怀文烧茶、送水、传达命令，十分勤快、机灵，大家都亲昵地叫他“尕日鬼”。

1964 年王怀文一家合影留念

部队扩编后，在川陕根据地迅速转入 3 个月的军政训练，并开始推行戒烟运动。政治部编写各种宣传口号、标语和教材发到连队战士手中，并用学习、训练和文娱等形式，帮助患者戒绝吸食鸦片的恶习。王怀文活跃于连队与战士之间，传口号、贴标语、发教材，参加文娱活动，积极说服身边的战友。一位战士有感于王怀文的劝说，将自己的烟枪砸得粉碎，摆脱了鸦片的折磨。

戒烟成功后，部队又进行大练兵，除正规训练外，饭前饭后都要增练几次瞄准和投弹，练兵热潮遍及全军的每个角落。王怀文也从大练兵中练出了胆量，练出了技术。练兵之余，他跟着有知识的干部学文化，坚持每天认几个字，一年过去，逐步达到了读报纸和写家信的水平。

1935年3月，中央要红四方面军向嘉陵江以西发展，以接应中央红军北上，王怀文所在的红九军第二十七师策应中央红军。1935年5月初，中央红军胜利渡过金沙江，继续北上，准备在川西北建立新的革命根据地。王怀文所在的红四方面军主力集中在涪江地区，就地休整，发动群众，筹粮扩红。5月下旬，王怀文又随军由岷江地区兼程西进，策应红一方面军的行动。

在回番地区，当地老百姓因受国民党的宣传敌视红军，红军进驻时，他们躲在山上松林里朝红军射击，许多弟兄惨死在他们的枪弹之下。王怀文和红军战士们耐着性子给他们喊话，但冷枪冷弹还是不时飞来，一颗子弹从王怀文腿部擦过，有惊无险，只擦破了皮肉。

为了做当地百姓的工作，部队和川陕省委、省苏维埃政府一部分干部以及妇女独立团，组成了迎接中央红军的工作队。工作队分成若干小组，深入到群众中去，宣传“红军是少数民族的朋友，是穷人的军队”，“红军是反封建、反压迫的军队”。经过红军战士艰苦细致的工作，群众打消了怀疑，踊跃支援红军，纷纷把地窖里、岩洞里藏的粮食拿出来支援红军。这次工作中，王怀文表现得相当出色，由团长李虎诚介绍加入了中国共产党。

1935年6月14日，红四方面军第二十五师第七十四团和红一方面军的先头部队在夹金山下的达维首先汇合，两支兄弟部队的手紧紧

为了使王怀文能够安全，涂合德道士正式收他做了道徒。

地握到了一起，人们欢呼雀跃，热泪盈眶。会师的喜讯很快传遍整个红四方面军，住在达维镇的部队积极整理内务，张贴标语，腾让房子，充满了欢乐气氛。6 月 24 日，毛泽东等中央领导人抵达两河口镇，在当地的一座喇嘛庙住了下来。25 日那天，王怀文兴奋不已，他第一次见到了毛泽东等中央领导，那天正下着大雨，他看见毛泽东骑马来到离镇约三里多路的一个叫抚边的村庄，迎接张国焘的来临。毛泽东在路边的油布帐篷下等待着，一会儿，马队来了，张国焘翻身下马，和毛泽东拥抱，红军战士欢呼起来，数千群众也欢呼起来，毛泽东和张国焘两人登上为庆祝会师搭起的讲台，高声讲起来，说中国工农红军要团结一致，北上抗日，打倒日本帝国主义。

1968 年王怀文(前排左三)与流落红军战友在高台烈士陵园合影

中共中央政治局在懋功县两河口会议上做出决定："集中主力向北进攻，在运动战中大量消灭敌人"，"首先取得甘肃南边，以创建川陕甘苏区根据地"，并将红一、四方面军分左、中、右三路向松潘及西北地区前进。王怀文所在的红九军划为左路军，任务是从卓克基北进取阿坝，控墨洼，继而北出夏河。

部队开拔时，饥饿就已经来临，红军队伍疲惫而艰难地行进着。行军中不时有人倒向路边，饥饿、伤病折磨得他们再也跟不上队伍，只得暂时离开队伍。年轻机灵的王怀文受命跟着班长去买粮食，可是，走了几个村庄,当地群众年轻力壮的连人带粮逃到山中,剩下的老弱病残哪有多余粮食。一粒米也没买到,17 岁的王怀文跟随部队开始了艰苦行军,与恶劣的自然环境进行着生死搏斗。

部队在距两河口六十多里的一个寨子里住了两个多月,休整、学习和吃野菜,许多人身体彻底垮了。当他们走进毛儿盖草地时,人人都有随时被吞噬的可能,当传令兵的王怀文,除自己行走外,还要照顾体质严重虚弱的同伴。王怀文与一位病弱的女干部相互照应着,女干部栽倒了,他就把她扶起来,他睡着了,她就把他摇醒。他清醒地意识到,掉队就是死亡,睡着就意味着长眠,他用无以言状的毅力支撑着自己,为了不使战士一睡不醒,还要传送口令,唤醒大家,一步步在草地深处顽强地前进着。

1935 年 9 月,张国焘以"水大受阻""缺粮断炊",不能"坐待自毙"为由,令已北进到嘎曲河附近的先遣部队"分三天全部返回阿坝","大举南下,打到天全芦山吃大米"。

面对深秋的萧杀和草地的险恶,战士们情绪燥乱、低沉、疑虑,少数人甚至逃亡。

1935 年 9 月 17 日,两路南下部队分别去往马塘、松风、党坝一带集结,又一次穿越了死亡之海——草地。

1936 年 2 月,王怀文和他的战友们裹着一身单军衣,穿着草鞋翻越了"鸟儿飞不过,神仙也不攀"的死亡之山、恐怖之山夹金山,才知道"吃大米"的艰险。尽管他用破布包好了脚,穿好了鞋,但踩到冻得硬如坚石的冰面上,似乎什么也没穿。登山的路越来越窄,雪越来越深,风也越来越大,王怀文觉着自己好像没有穿衣服,脚也越来越重,他的双脚已变成两个沉重的雪疙瘩,他想跺掉脚上的冰雪,可脚下一滑被山风卷进了雪坑,顿时绝望得人昏脑晕,有经验的战友解下绑腿扔了过去,才将他拖出雪坑。

到达天全、芦山不久,面对国民党重兵的围追堵截,部队又不得不

向道孚、炉霍、甘孜方向转移，去开创川康边根据地。

部队刚刚翻过夹金山，又再次翻越被老百姓视为“噬人生命的鬼门关”的大雪山——党岭山，王怀文跟上队伍，又一次战胜了险恶，战胜了死亡，翻过了党岭山。

1936 年 4 月，4 万余名红军战士来到高原牧区——道孚、炉霍。为了接应红二、六军团北上，部队在这里整编、训练、筹集物资。在这期间，部队派出大批干部，组成工作队，配合地方党政工作人员，深入农牧区，宣传党和红军的政策。为及时上报情况，传送命令，王怀文也被派去跟随工作人员深入藏民家中，寻找通司(翻译)，主动与他们靠近。经过一个时期的工作，在炉霍、道孚、甘孜建立了百姓联合会、青年队、姊妹团等群众组织。

在部队作战、训练的间隙，指战员们还帮助藏民生产、医治疾病、开展群众性的清洁卫生工作。王怀文积极主动帮藏民剪羊毛、清理羊圈，用简单的藏语和手势与藏民交谈，帮助消除他们对红军的误解。

为达到与红二、六军团政治上、思想上的高度团结，全体红军上上下下，一起利用整训的间隙，捻羊毛，织毛衣、毛袜，以作为会合红二方面军的礼物。王怀文专门负责收整，清交毛衣、毛袜。

1936 年 7 月初，与红二、六军团汇合后，由红二、六军团改编的中国工农红军第二方面军与红四方面军分为左、中、右三路纵队继续北上。王怀文跟随在红四方面军左纵队的队伍里，从甘孜出发又到达一年前曾到达过的阿坝，准备第三次穿越草地。

这次穿越草地，王怀文给自己弄了件羊毛军装，米袋也装满了，但远不能满足一个月的长途跋涉。战士们在《国际歌》的鼓舞下，涉渡了水位齐颈的嘎曲河，在 1936 年八一建军节，部队终于第三次走出了草地。

1936 年 8 月 18 日，王怀文所在的红九军接替红三十军第八十九师防务攻打岷县城。他在对敌射击时，一颗子弹击中了他的右脸，半边

1978 年王怀文(前排右三)在张掖县人民代表大会上

脸被打得血肉模糊。他顾不上包扎,只是撕了一块布草草捂在了上面后,又投入了战斗。这次战斗后,王怀文升任为通讯排长,跟随部队在甘肃南部的广大地区开展建党、建政、扩红等工作,为继续北上、三大主力红军会师作准备。

9 月 30 日,红四方面军分成五路纵队,先后由岷县、漳县等地向通渭、庄浪、会宁、静宁疾进。部队且进且战,在武山行进中,王怀文的右手食指又被飞来的敌弹打掉半截,他不得不用中指扣动扳机。此后,王怀文的身上不是有弹片飞进,就是被刀子戳进,伤痕累累。

部队行至陇西境内,一架敌机擦着山尖飞过,投下一枚炸弹,战士们还没来得及卧倒,身边就炸出了一个大坑。一个弹片崩到王怀文的头上,巴掌大的头皮又被崩飞了。

1936 年 10 月会宁会师后,王怀文跟随部队向靖远县境内挺进,执行渡河西征任务。王怀文所在的红九军进占一条山南的锁罕堡、打拉牌一线,将敌马禄六百余人围困于锁罕堡北的土围子内。从青海赶来

的马步芳部骑兵两个旅，为了夺回一条山和解救被围之敌，立即向一条山反扑，就在这次战斗中，王怀文的右腿又穿过一颗子弹。

11月11日，天刚微亮，王怀文跟随部队进至古浪县干柴洼一带，试图从这里取道占领古浪，却被尾追而来的马敌三个骑旅围攻，发生恶战，战斗苦苦进行了两天才摆脱敌人。15日，红九军六千余人进占古浪城。

红九军刚刚进城，工事还未筑好，敌骑兵、步兵共五个旅并四个民团，以"城存我存，城亡我亡"之势，"不惜一切代价"向阵地扑来，空中飞机轮番轰炸、扫射。红九军全体指战员、所有机关工作人员、女战士、伤病员，与敌展开巷战，进行白刃相交的搏杀。王怀文没了子弹，拿着大刀与敌砍杀。突然，一个敌人用刺刀向他戳来，刺刀戳进了他的下巴，两颗牙随着血水吐了出来，他顾不上流血的伤口，继续投入战斗。三天三夜的巷战，尽管杀敌两千余人，可是，红九军两千余名将士却倒在了血泊之中。苦战失利，红九军被迫撤出古浪。

王怀文强忍着伤痛，拖着一位腿部受伤的战友，走在向永昌方向撤退的队伍里。

"活不交枪，死不丢尸"是红四方面军的铁规矩。王怀文主动抬担架，他怕伤员冻死在担架上，就扶着走一段再抬一段。1936年12月30日，王怀文随红九军余部进驻临泽县沙河堡。高台失陷后，敌人又从高台疯狂向沙河扑来，红军没有子弹，自制的手榴弹也已用光，大刀、石头是武器。刀刃卷缺，石头打尽，拳打、口咬成了对付敌人的唯一办法，许多同志牺牲了，可手里还攥着敌人的头发，嘴里还咬着敌人的耳朵。王怀文在撕咬敌人时，也昏倒在了尸体堆里。他醒来后，发现周围全是尸体，他的心头掠过一阵悲哀和苍凉。遭受重大牺牲后的红九军不得不突围，按中央军委新的命令，向东进发，为了保持行动的隐蔽性，他们昼伏夜行，先向南转移到倪家营子，与总部、红三十军会合。

为了保存有生力量，部队又从三道柳沟突围，向梨园口转移。红九军为掩护红三十军转移展开阻击，夺占了梨园口的山头与敌冲杀。突然，王怀文的左腿像被木棍狠击了一下，他顾不上在意，继续阻击敌人。当他收枪起身时，才发现血肉模糊的腿已冻在了地上，他已经起不来了，他的腿中弹了。

王怀文被一名大个子骑兵拖到了石崖下的一个滴水坑，没等问姓名，他将王怀文腰间的两颗马尾手榴弹摘下来带在自己身上，安顿他藏好，又投入了战斗。渐渐地，王怀文听见枪声越响越远，大个子骑兵也再没来找他。

王怀文蜷伏在坑里，腿上的裤子与血水在伤口处结成冰枷，他爬了几次也未爬出那个宽不过五尺，深不盈三尺的土坑。突然，有人呻吟着向这边走来，王怀文敏感地从土坑中探出脑袋，走过来的三个人也急忙趴下，他看见了他们八角帽上的红五星，惊喜地放开喉咙喊了一声“兄弟！”几个铮铮铁骨的汉子抱哭成一团。

天黑以后，几个伤兵互相搀扶着，他们把王怀文拖一段背一段，行了一夜，在水渠的冰洞里又躲了一天。他们白天蛰伏，夜晚行进，在第

西路军战士陈明义(左四)与张掖西路军战士合影

四天清晨走到了祁连山中的上龙王庙。

庙里的道人叫徐合德，58 岁，是张掖小满乡甘城子人。徐合德打小病多，父母为了保全他的性命，就将他送到上龙王庙，长大后就在这里当了道士。徐道士熬了一锅山药畛子汤给他们充了饥，王怀文因腿伤极重，被徐道士留下来养伤，三个战友走了。

1992 年王怀文一家合影

在庙里待了几天，徐道士怕朝庙的马匪发现王怀文，就将他背到红沙河畔的观音洞中藏起来，给他背了几捆麦草当铺盖，每天晚上给他送点干馍馍和水，王怀文的生命延续了下来。

天渐渐转暖了，王怀文的伤口化脓生蛆，恶臭不止，苍蝇乱窜。徐道士隔三差五拿点盐水给他擦洗，不久，他的腿伤慢慢好了，可整个身子成了硬的。

第二年冬天，王怀文被民团团长的弟弟何自清发现，他用树枝堵住洞口，再泼上水，将洞口封死，企图把王怀文饿死在洞中。徐道士又抡着镐头把洞口刨开，将王怀文背到了庙里，为了安全，徐道士在庙门口用树枝和麦草搭了一个洞，把王怀文藏在里面。

为了使王怀文僵硬的身子能够活泛起来，徐道士把豆子、麦粒撒到地上，让他一个一个捡。王怀文先是爬着捡，后是偎着捡、跪着、蹲着捡，渐渐地，他能站起来了，徐道士给他制了一副拐棍，他能拄着走路了。

为了使王怀文能够安全，徐合德道士正式收他做了道徒。

为马匪效力的何自清没有放松对王怀文的监视，一天，徐道士进城去办事，何自清将一根草绳套在王怀文的脖子上，把他拉到了洞子渠的冰窟窿中，何自清准备在这里结果他的性命，没有料到的是，突然出现的两个人让何自清吓了一跳，他以为碰上了红军，撒腿就跑。实际上，来人是山中背煤的父子俩，出来找水，看见被扔在冰窟中的王怀文已被草绳套拉得半死，便把他从冰窟中拖了出来。

好心的父子把奄奄一息的王怀文背到了庙里，没有柴禾，他们将厢房里的木板砸开，燃起一堆火，渐渐地，王怀文又活了过来。“出门人难多啊！”看着王怀文活了，父子俩才离开。为了使王怀文能够安全，徐合德道士正式收他做了道徒，王怀文戴上道帽，穿上道袍，庙外庙里打扫卫生，亭后堂前烧茶送水，徐道士亲自给他改名叫王教苏。

1948 年，离开家乡已 15 年的王怀文想回老家四川江油。为了永志不忘使他起死回生的徐道士，他们卖了三斗糜子，在张掖城里照了张合影，以作纪念。可是王怀文又顾虑重重，最后还是留了下来。

张掖解放后，龙王庙被取缔，张掖县在龙渠公社香火庙成立道教兴民农场，有点文化的王怀文被组织指派管理集中来的道人改造、学习。1950 年，王怀文正式落户龙渠公社三清湾一队当农民。1952 年，王怀文与新墩公社农民赵桂英结婚，生得一男一女。

1959 年，阔别家乡 26 年后的王怀文踏上了开往四川的列车，回到了家乡江油，父母早已过世，王怀文只在哥哥家住了几天便又回到了张掖。

1960 年饥饿时期，妻子赵桂英带着女儿去内蒙古逃荒，儿子留在王怀文身边。为了生存，王怀文带儿子找到了县里的民政局，他被作为流落红军安排在民政局收容所里去收容和抢救饥民，儿子王少东被送进娃娃组(幼儿园)。1962 年，王怀文又被调到张掖福利院残老部管理残老人员。

1984 年，张掖县民政局为腿脚不便的王怀文配发了一辆手摇轮式

车，他可以来去自如。1985年，电影《祁连山的回声》在张掖放映，儿子王少东陪他去看，西路军那段残酷的生活，在近50年后又重现在他的眼前，他禁不住老泪纵横。

1990年11月6日，王怀文作为河西红军的代表，前往张掖甲子墩机场迎接徐向前元帅的骨灰，并陪同撒向祁连山腹地。

1995年，王怀文产生了一个愿望，想去看看当年西路军过河征战一路冲开的那条血的走廊，去看看一路丢下在走廊里长眠的那些战友们，然而夙愿未了，1995年6月21日，王怀文带着遗憾溘然长逝，终年77岁。

（王国华）

为了使王怀文能够安全，涂合德道士正式收他做了道徒。

王进财和四个从万人坑里爬出的红军战友坐着高尚恒拉粪的皮车来到了高家河湾。

王进财——从死亡世界走出

王进财，男，1911 年出生于四川省巴中县一个农民家庭。1932 年王进财在家乡参加红军，后被编入红三十军第二六八团第一营第一连当战士，1933 年加入共青团，曾当过排长。

1937 年西路军在张掖失败后，王进财面临的境地是被马匪军拉到东教场和其他被俘的西路军战士一起活埋，幸亏被张掖东门外高家河湾（现甘州区上秦镇高升庵村四社）大地主高兴俭的儿子高尚恒搭救才幸免于难。

高兴俭虽是当地有名的大地主，家大业大，骡马成群，但对人对事正直公道，硬的不怕，软的不欺，在周边一带可谓德高望众，人称“俭爷”。在高家河湾，谁家有化解不了的事儿，总是请“俭爷”出面斡旋，只要俭爷往那儿一站，还真没有他摆不平的事儿。俭爷有两个儿子，大儿子叫高尚恒，憨厚老实，为人正

1958 年王进才（二排左二）在张掖县流落红军座谈会上

派，而二儿子高尚元却生性奸诈，无恶不作，俭爷对小儿子的行径深恶痛绝。当时高尚元因为自己的专横霸道已荣升为张掖民团大队长，慑于父亲的威严他很少回家。当得知小儿子高尚元为虎作伥帮马匪军镇压红军时，高兴俭曾多次劝说儿子少做伤天害理之事，而儿子总是当面一套背后一套。父亲问时说啥是啥答应的响当当的，背后却是我行我素，为非作歹。有一次，高尚恒驾驶着皮车进城拉粪，途经东教场时看到埋了几天后又从“万人坑”里爬出的牛娃子(王进财的小名)、毛娃子和眯娃子(也是小名，姓名不详)等四个年轻红军，一来出于同情，二来家中正缺长工，于是就顶着杀头的风险搭救了4个红军。就这样王进财和4个从万人坑里爬出的红军战友坐着高尚恒拉粪的皮车来到了高家河湾。

王进财等4人来到高家河湾，农忙时就在俭爷家拉长工，吃住都在俭爷家。农闲时就住在村里的一个叫高升庵的破庙里，几个人共同搭伙做饭维持生计，平时也到附近的地主高多寿家打短工。由于高多寿为富不仁，其他几人受不了磨难，都相继离开高家河湾另谋生计。只有王进财无处可去，就落户到高升庵二社，娶了一个从民乐

1964年张掖县流落红军座谈会合影

王进财和四个从万人坑里爬出的红军战友坐着高尚恒拉粪的皮车来到了高家河湾。

流浪来的寡妇为妻。寡妇来时带了一个女儿,就随了王进财的姓,叫王佩玲，后来因为王进财的媳妇不再生养，又领养过继了她娘家兄弟的儿子王吉红。

张掖解放后,高多寿作为使过长工的恶霸地主被枪决,而高兴俭因搭救红军有功被列为开明人士，并参加了张掖县第一次人民代表大会,王进财也多次得到政府的救助。1976 年王进财因病去世,终年 65 岁。

（付聪林）

那时候我甚至想，只要党组织能够承认我曾是个红军战士，给个小红本本，什么待遇都可以不要。

王明福——回首来时路

王明福，男，原名何贤文，1919 年 7 月出生于四川省南江县兴马乡一个雇农家庭，他是何顺华的大儿子。1933 年，他和父亲一起参加了红军，父亲在战斗中牺牲，他随红军征战河西，战败后流落张掖。

初秋的一天，我们走访了这位红西路军老战士，亲耳聆听他回首自己的漫漫人生历程。

我们见到老人的时候，老人正在楼区大院里活动，看到我们，他热情地迎了上来，当我们说明来意后，老人将我们领到了家里。他很爽朗，认为自己作为一名西路军战士，会把自己所知道的一切都告诉人们。老人虽已年过八旬，但身体很硬朗，沧桑的脸上，是他坎坷人生的全部浓缩。

他回忆道："那时，家乡的日子很艰辛，农民没有自己的土地和房子，常年靠给地主家扛长工度过艰苦的岁月。1932 年底，南江县迎来了中国工农红军，这是红军第一次来到我的家乡。虽然只是先头侦察部队，也并没有过多地同老百姓接触，但这支为老百姓打天下的队伍还是在当地引起了不小的震动。当年，我的五叔何顺元参加了红军。"老人的思绪仿佛回到了当年，他激情饱满地向我们娓娓叙述着自己的经历。

年轻时的王明福

"1933 年初，红军的大部队来到南江并驻扎了下来，他们深入农村田间地头，帮助老百姓犁田种地，宣传红军救国救民的道理。我亲眼目睹了红军的所作所为，在红军的引导下，我加入了当地的儿童团，并担任了团长，负责不分昼夜地轮流站岗放哨。1934 年 7 月，当红军第三次来到南江时，我动员 5 个小伙伴和我一起参加了红军，那一年，我刚满 15 岁。同年，我的父亲何顺华也参加了红军。我和父亲加入的是中国工农红军四方面军第九军第二十五师第七十三团第三营第九连，我当了通讯员，五十多岁的父亲何顺华是炊事班的战士，负责给连队的战士们做饭。因为同在一个连队，父子见面，也不知道该怎么称呼，为了不违反部队纪律。有时见了面，干脆就谁也不打招呼，彼此默默地互相鼓励。我和父亲都参加了反‘三路围攻’和反‘六路围攻’的艰苦作战。

王明福（左）与西路军战士赵登云

“1935 年 1 月，在昭化千佛山战斗中，我们打了胜仗，但部队伤亡很大，这是我们父子参军后的第一次战斗。战斗打响的时候是个傍晚，双方火力很猛，激烈的战斗整整持续了一个晚上。第二天天亮的时候，敌人又增加了兵力，向我们猛扑过来，我军的冲锋号响了，连长把手一挥喊了一声：‘同志们，冲啊！’就带头冲了出去，我跟在连长后面也冲了出去。敌人看到我们冲锋了，炮火更加猛烈，敌人的机枪向正在指挥的连长打了一梭子，连长的身子晃了两晃就倒了下去。连长倒下去的时候还冲敌人打了一枪，我看到一个敌人窜上来，伸手要夺连长的驳壳枪，就抬手向敌人打了一枪，敌兵也朝我开枪，我趴在地上向敌兵连续射击，将敌兵打死。那是我第一次打死敌人，将敌兵打死后，我冲上前去，将连长的驳壳枪取了下来。枪是抢回来了，连长却永远也回不来了。”他遗憾地说。

那时候我甚至想，只要党组织能够承认我曾是个红军战士，给个小红本本，什么待遇都可以不要。

“我在这次战斗中受了轻伤，父亲却在战斗中牺牲了！前线吃紧，父亲和炊事班的同志们也一起冲上了前沿阵地，不幸中弹倒下，他在临终前连儿子的一声呼唤都没能听到！”

要知道，自参军以来，因为部队有严格的纪律，父亲已经有很长一段时间没有听到自己的儿子叫一声“爹”！他们一直期望战争胜利后，父子俩能好好说说话，但是无情的战斗粉碎了他们的这个梦想。

“指导员让战士们挖了个坑，我含着眼泪亲自埋葬了父亲，没有棺材，没有席子，就那样埋了，只是在父亲简陋的坟旁放了一块一尺半宽的石头做了记号，希望有机会回来还能找到它。

“含泪埋葬父亲后，我跟随部队强渡嘉陵江开始长征，两次翻越雪山，三次爬过草地，参加了红一、四方面军懋功会师，红二、四方面军甘孜会师。

“在翻越夹金山时，山下是炎炎夏日，山上却是冰雪严冬，往上看岭高不见顶，往下看谷深难见底。再加上一会儿雪花飞舞，一会儿冰雹砸落，使人望而生畏，步步心惊。越往山上走，空气越稀薄，离山顶越近，脚

1989 年王明福（前排左六）在张掖地区流落红军座谈会上合影

步越沉重，两腿像拴了千斤铁索，胸口像压了千斤重担，每挪一步，都得大喘几口气。到了山顶，呼吸就更急促，气都喘不上来，更不能坐下休息，因为一坐下就再也起不来了。过了山顶，就好多了，而且越往下走，人越轻松。过草地的时候，我们没有吃的，马死了，就剥掉皮，把肉煮熟和草根拌在一起作为补给，把皮、骨头留下和野草煮在一起吃，实在没有吃的，就挖野草，吃草根。有一次，部队捕杀了一头牦牛，战士们把牛肉用刀割成一块一块的，因为长时间没有食物可吃，人都饿得发晕，妇女团有一个二十多岁的战士猛咬了一块牛肉，结果咽也咽不下去，吐也吐不出来，最后硬是活活地给憋死了，周围的人却毫无办法，就那样眼睁睁地看着一个活生生的人在自己面前没有了。长征途中，除了饿死、累死、病死、冻死的外，还有一种危险就是被草地吞没，草地看上去山花烂漫，下面却是水和腐草，水黑黑的，腐草盘根错节结成草皮，人踏在上面，忽悠忽悠的，只要一会儿，那水就会从脚底下冒出来，人只要掉进去，拉都来不及拉人就没了，都不知道那沼泽有多深。有时部队在草地边缘休息，睡到半夜醒来一看，身子底下全是水。”

作为一名普通的红军战士，何贤文没有能够参加红军三大主力会师，他跟随部队渡过黄河，经洮州、甘草洼，挺进河西走廊。他回忆说：“当时，我们用草扎了许多假船和草人，用纸糊了些灯笼，安在假船上，点亮灯放到河里，让假船和草人顺水而下，敌人看不清，便去追击，而我军则从上游乘虚渡过了黄河。”

30年代的河西走廊，不仅地广人稀，土瘠民贫，而且雨水稀少，气候变化很大。渡过黄河后组建的西路军西征时，已是严冬时节，天寒地冻，英勇的西路军战士虽然衣衫褴褛，有的甚至还穿着单衣，但个个都充满着活力，浩浩荡荡沿着河西走廊行进着。挺进河西走廊后，西路军即和多于自己数倍的马步芳、马步青军队陷入无日不战的恶劣境地。

1937年初，何贤文所在的部队，驻扎在临泽沙河堡。“在那里，我们与马匪打了几仗，战事最激烈的那天，正是大年初一，红九军的战士与敌人整整打了一天，个个疲惫不堪，又累又饿又冻。可恨的马匪说过年

了，就叫老百姓拉了一车肉给我们送过来，企图引诱我们，我们当然不会上当。敌人见引诱不成，就向红九军发起了进攻，敌人的炮火轰倒了围墙，冲了进来，虽然战士们个个饥肠辘辘，眼冒金星，两三个人才能将一个敌人打死，但人人奋勇抵抗，绝不放过任何一个打击敌人的机会。我站在一座土房子的房顶上不断地向敌人射击，想挡住敌人的进攻，一个马匪偷偷地爬上去，在房顶上挖了个洞，将一些干芦苇点着塞入洞内，顿时云烟冲天，我陷入了枪击火烧之中。突然，一颗子弹从我的额头打了过来，我站立不稳，一头从房顶上摔了下去，摔成重伤，从此，额头上留下了一道疤印”。

那时候我甚至想，只要党组织能够承认我曾是个红军战士，给个小红本本，什么诗遇都可以不要。

战斗失败了，何贤文也流落了。

“为了躲避马匪和当地反动民团的搜捕，我白天躲在大山沟里，晚上出来行动。后来在山沟里遇到了两个受伤的战友，一个叫李文有，另一个叫张剑文，我们乘着夜黑，在附近老乡家喝了些水，便躲藏在山中。为了找到失散的部队，重新回到组织中去，我和两个负伤的战友从临泽梨园口一路讨饭，从民乐北侧经山丹到了永昌的水泉子、毛巴拉。在毛巴拉，因为长时间没有饭吃，体力消耗大，再加上当时我年龄小，身体很虚弱，李文有和张剑文决定让我留下来，等他们找到部队后，再来接我。就这样，我和两个战友分开了，从此，再也没能回到日思夜想的部队中去，也再也没能见到那两个战友。

林佳楣（左）与西路军战士王明福在一起

“和战友分手后，为了维持生计，孤身一人的我因为个头小，重活干不了，便在当地为一户名叫王月亮的人家放羊，后又乞讨至山丹县芦家堡，因为害怕身份暴露找不到组织，于1944年被迫改姓母亲的王姓叫王明福。此后给周乐贤家、张其绪家放羊、拉长工，度过了漫长的逃亡生涯，历时整整10年。这期间，我得了一次伤寒病，病得非常厉害，差点丢了命，多亏老乡们竭力想办法，才得以保全性命。

2006年5月，王明福接受中央电视台《长征·不朽的魂》摄制组采访

“长征走过来的人，什么苦都能吃，只是那个时候总想念组织，总想回到红军队伍里去。”他平静地说。

1948年9月，改名后的王明福被国民党抓兵到山丹军马场做工，直到山丹解放。那时国民党的士兵都跑了，他没有跑，他知道解放军就是当年的红军，就一直坚守在马场保护马群，他要把马匹留给自己的部队，他终于等到了。他把保护的17群马匹完整地交给了人民解放军，了却了心愿，从此也得以在山丹马场重新参加革命。在军马三场、二场和子弟中学，王明福先后做过会计、出纳、教工、文书、保管员等工作。

1954年2月17日，王明福在马场受到了来自中央慰问团的慰问，慰问品钢笔、茶缸使用后没有保留下，但全国人民慰问人民解放军代表团赠给他的铜质纪念章他至今还珍藏着。也是在这一年，经人介绍王明福和民乐姑娘张春香结为夫妇，从此有了一个稳定的家。1958年，张掖专署召开流落红军座谈会，给流落的红军战士发了证明。因为马场地处偏僻，王明福没有接到通知，就没有拿到当地民政部门颁发的光荣证。

“为这事，我难过了很长一段时间，总觉得没有脸去见长眠于地下

那时候我甚至想，只要党组织能够承认我曾是个红军战士，给个小红本本，什么待遇都可以不要。

的战友和亲人，那时候我甚至想，只要党组织能够承认我曾是个红军战士，给个小红本本，什么待遇都可以不要。1964 年 2 月，为了证明自己的红军身份，我回了一趟老家，在当地政府的帮助下，我找到了已 78 岁高龄的姑姑，才得知在我和父亲参军后的第二年，当地国民党清乡团听说我们家有三个人参加了红军，就抄了我们的家，并活活逼死了我的母亲和弟弟何贤武，老家已再没有亲人了。寻找组织未果，我并没有因此而气馁，而更增强了向组织靠拢的愿望。我努力地工作，不断地学习，我深信，总有一天我的西路军战士的身份会得到证明。'文革'期间，我在军马二场中学当教工，从兰州来的红卫兵要砸学校，动员教工们起来造反，我毫不犹豫地拒绝了他们的过火要求说：'这是国家财产，不许你们随意破坏。'并阻止他们进入学校。1973 年，经组织培养，我加入了党组织。

"身份得不到证明的日子是最不安心的日子啊！"他动情地说。

经过多方奔波，1987 年元月 12 日，民政部门给他颁发了"西路军红军老战士光荣证"，老人如获至宝，精心地珍藏着，家里来了要好的朋友和熟悉的客人，才将光荣证拿出来给他们看，并向他们讲述自己爬雪山、过草地、战河西的战斗经历。

如今，年届 87 岁高龄的王明福居住在甘州城内山丹马场干休所，与老伴过着平静、安祥的生活。

（王婷玲）

王玉春——不变的红颜

王玉春，女，1912年出生在四川省巴中县鼎山区大罗乡一个贫困农民的家庭。1933年2月，巴中解放了，打土豪分田地，轰轰烈烈的群众斗争把千里巴山闹得红红火火，革命的火焰迅速地燃烧着，广大群众热烈欢迎红军的到来，革命道理的宣传很快提高了广大群众的阶级觉悟。21岁的王玉春为反对父母包办婚姻也离家参加了红军，被选中在红四方面军第九军第二十七师经理部(后勤部)女工厂当军工，做后

1958年民兵进入“镇压杀害红军的反革命”的会场

勤保障工作。

由于红军是从鄂豫皖苏区仓促西撤来到川北的，吃饭穿衣问题都要解决，而且随着红军队伍迅速扩大，后勤工作更加需要人手，王玉春在被服厂里拆洗缝补破旧军衣，并利用缴获来的布匹棉花为战士们制作新军衣，保障部队发展的需要。1933 年 10 月，宣(汉)达(县)战役中，红军缴获了军阀刘存厚在达县的工厂设备后，经理部在原基础上建立了男女两个被服厂，王玉春被分配到女工厂。为了解决被服厂的染料问题，王玉春和战友们上山挖草根，剥树皮，用土法染布，还用布包上麻线做扣子，解决衣扣缺少的问题。

1935 年 3 月，红四方面军离开川陕革命根据地进行西征，王玉春和总经理部的所属工厂随部队行动。部队离开川北向西行军，当进入丘陵地带时，山路上花花绿绿的长蛇窜来窜去，有的战士被毒蛇猛咬，部队的救护手段又极差，只能眼睁睁地看着被蛇咬伤的战友死去。年幼的女兵被吓得脸色发青，23 岁的王玉春为了给小战士壮胆，遇到毒蛇总是在她的脚下变成肉泥。

1964 年王玉春(前排中)在张掖县流落红军座谈会上

在南下天全时，王玉春又被调到了总供给部被服厂。1936 年 10 月，在会宁参加长征胜利会师之后，为了执行“宁夏战役计划”，完成夺取宁夏占领河西，打通国际路线，从苏联获得军事和经济援助的任务，1936 年 11 月，王玉春随军西进河西，追随部队经大靖、土门到达永昌。此时的河西早已是冰天雪地、滴水成冰，红军战士却还大都穿着夏季的衣服。有的用老百姓的口袋御寒，有的弄

一块毡片，扎一根草绳，算是一件“马甲”。脚上大都没有鞋子，有的裹着破布，有的包着烂毡，有的甚至光着双脚，很多人都冻掉了脚趾，冻坏了耳朵，有些体质较差的战士一到宿营地就再也没有起来……

1965 年王玉春全家照

可就是在这种条件下，王玉春仍然和供给部的女同志们一起想尽办法搜集可用材料为战士们解决过冬衣服。1936 年 11 月，红军进驻永昌一带，红军战士被马匪军包围，整整激战了 7 昼夜，伤亡很大。由于伤病员不断增加，给养相当困难，药品奇缺，伤病员们经受着极大的痛苦。王玉春和战士们东奔西走寻找粮食。由于天气奇寒，王玉春的脚冻伤了，无法行走，为了不连累战友，她拿出身上唯一的一颗手榴弹准备自尽，被供给部部长郑义斋发现。王玉春无法站起，只是坐在那里向郑部长行了个军礼，郑义斋把王玉春扶上了自己的战马，驮着王玉春走了十多里路。

1937 年 1 月，王玉春随总供给部进入临泽县城。高台失守后，敌人就疯狂向临泽扑来。红军战士在弹药缺乏、粮草不继、敌强我弱、气候严寒的情况下英勇抗敌、浴血奋战。王玉春和所有女战士，用砖石阻击敌人，但最终寡不敌众，决定放弃临泽。农历腊月二十六这天，传令兵传令，衣服穿好做好准备夜里 1 点钟出发。出城前，大家在太白庙开会，郑义斋部长讲话交代了纪律，鼓舞了士气。那天没有月亮，风刮得特别急，因为天气冷风又大，大家都戴了人造防风镜，也就是将玻璃临时罩在眼睛上防风沙。

出城门后，马蹄踏在冰上发出声响，忽然有两声枪响，王玉春警觉地问哪里有枪，有人警告她悄悄地快走。两声枪响刚过，路两边的机枪响了，又紧又密，子弹打得红火星子乱飞，队伍里有人中了弹，躺在地上滚动，疼得低声惨叫。行动被敌人发现了，于是一部分人又撤回到临泽城，敌人往城里打炮，炸死了一些骡马，随后，就喊着“杀！”“杀！”开始向城里冲，子弹打得墙上火星子乱迸，王玉春他们几十个人躲在一间屋里，男同志喊“不要打！”“我们没有枪！”敌人发现了他们，让男人们先出去，女的跟在后面，敌人的马刀在他们头上乱晃嘴里骂着“驴日的，不准乱跑，谁跑杀掉谁！”

王玉春和被俘的男女红军战士一起被押到城墙上，满脸是血、杀人如麻的匪兵举着马刀准备结果他们的性命时，被匪团长拦住了，他要把他们送到主子那里邀功，王玉春又和战友们被押出了城。被俘的战士们又被马匪勒令脱掉衣服，搜去身上的所有东西后押到野地里，天亮后把他们押往张掖，被关押在甘州城皮坊街的骆驼店里。

红军女战士落在马匪军野兽般的官兵手里，所受折磨和凌辱是难以想象的。被俘女红军被马匪军糟蹋后，不是被高级军官霸占，就是被赏给下级官兵做妻妾、使女。被俘女红军被蒙上眼睛让马匪官兵去“抓阄”做老婆，不服从或逃跑者，常被打得遍体伤痕。在战俘营中，面对敌人的残酷迫害，王玉春与战友们一道针锋相对与敌人展开了坚决的斗争，当时在她的心里只有

1973年王玉春(后排左)与红军姐妹在一起

老年王玉春

一个信念——绝不能为革命者丢脸。

不久，他们就被送到大衙门马匪的修械厂做工，没几天，又将他们这些被俘红军一个个清理出来准备送往青海，其中就有王玉春。一天，一个姓袁的挑货郎担卖布的河南人暗示王玉春逃跑，去找四川老乡救助。当天夜里，王玉春按河南人的指点，从修械厂的后门跑了出来，过了一座石板桥，找到了一间草房，投身于已经做了马匪团副太太和营副太太的两个四川姐妹。

尽管找到了老乡，可王玉春还是很害怕，她想在这种年月谁认谁啊，谈什么老乡不老乡。没想到，两个四川姐妹说自己的男人这几天不回来，让她放心。在这里躲了一天，王玉春仍感到心里不踏实，乘着夜色又跑了出来。没走几步，她碰上了一个高个子男人，男人怕她被抓，就把她领到一个叫祁家园子的地方，里面有一个女红军。王玉春认得此人，红军队伍里大家都叫她"牦牛腿"，王玉春的心稍稍放松了一些。领她来的男人说自己叫王应魁，是马匪军修械厂的修枪工人。安顿了王玉春，王应魁就不见了，王玉春正疑心他会不会去报告马匪军时，他又领了一个男人回来了，那男人叫谭襄诚，和王应魁差不多年纪，也是马匪军修械厂的工人，和王应魁很要好。那天，王玉春被谭襄诚领到了自己家里。经历了数十天的躲藏奔波后，她终于逃离了魔爪。三天后，不知咋的走漏了风声，保长带人来搜人，进门就骂："驴日的，把共产交出来！"谭襄诚的女人眼疾手快，拉上王玉春就从后门跑，一直跑到水池子旁藏了下来。保长走后，谭襄诚把王玉春转移到王秀才的院子里住下。

王秀才的院子里住了三个女人，王玉春和两个老奶奶。谭襄诚三天两头来看看她，熟悉了以后，谭襄诚提出想把王玉春介绍给王应魁的想法。王应魁、谭襄诚都是王玉春的救命恩人，离开部队后，她像折翅的孤雁，无处栖身，要不是他们的帮助，自己能否逃离魔窟很难想象。如今，马匪四处搜捕红军，走出河西寻找部队的愿望已无法实现，在归队无望的情况下，为保护自己，王玉春与王应魁生活在了一起，做了他的女人。

王玉春(左)与王定国在一起

从那以后，王玉春两年没出过大门，她怕被马匪军抓住，张掖话又听不懂，成天只听见从墙外传来“卖油塔”“萝卜缨”的大嗓门叫喊。结婚后，她劝说曾在兰州制造局学过手艺的丈夫王应魁离开国民党政府的枪械修理所，谋得了一份修理自行车的差使。王应魁白天在街头修理自行车，晚上他们则分头出门四处打听，寻找革命队伍，但她终究没能走出张掖。

解放后，王玉春曾在政府部门做妇女工作，1958 年起又当起了街道的妇女主任，义务服务，一干就是 16 年。文化大革命中，她成了“叛徒”，王应魁是叛徒家属，要调查他们的历史问题。造反派把她叫去问她逃出来为啥偏偏碰上了王应魁，又把王应魁叫去问别人都不敢要共产党，他为啥敢要，问得两人都哭笑不得，在场的人也都哭笑不得，调查来调查去也没查出他们的什么历史问题。70 年代以后，经民政部门调查确认后，为王玉春办理了“红军流落人员证”，自此她可以每月领取政府发的 300 元的生活补贴。她是红军的事也被广泛传开，全市各单位、学校、工矿企业纷纷找她去讲红军长征的故事，对于这些，她从

不拒绝，因为她希望在自己的晚年能为革命尽最后一份力。有人曾劝她烧香敬神，她说自从参加红军，从过金沙江算起，不知死过多少回了，死都不怕，还相信什么鬼神！在自家的厅堂里，她长年悬挂着董振堂将军的遗像，或许这正是昭示着自己对革命的追求，对已逝将军的热爱吧！

晚年的王玉春和女儿在一起生活，虽然清苦，但她感到很幸福，她时常会与同样流落到张掖的老红军们一起，闲暇时间聚会聊天，追忆自己的战斗生活。

2002 年 12 月王玉春在家中病逝，享年 90 岁。

（马岳荣　刘兴亮）

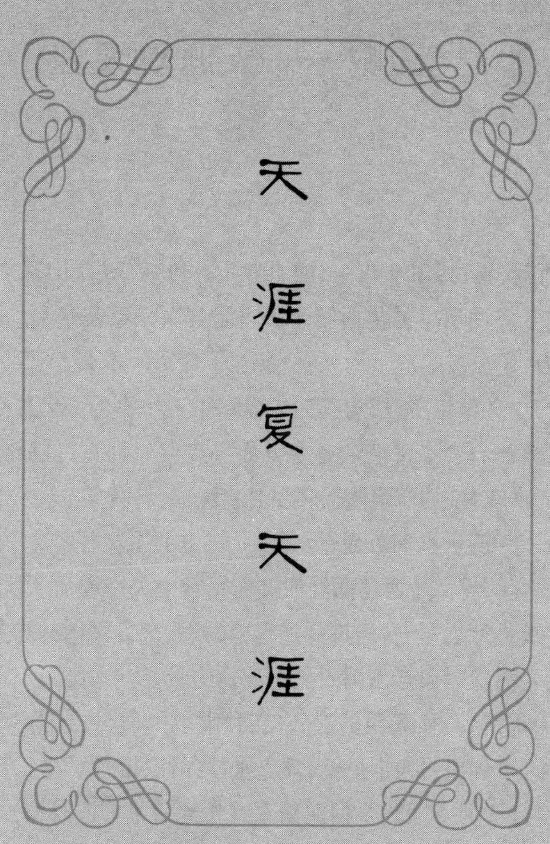

天涯复天涯

吴西鹏忍受着隆冬刺骨的寒风和满身的伤痛，仅靠藏在身上的几块洋芋和一把麻子维持生命。

吴西鹏——天涯复天涯

吴西鹏，男，1916年出生，四川省人。1933年中国工农红军到达四川时，贫苦农民出生的吴西鹏亲眼目睹红军杀富济贫、救民于水火的大义行为，便积极响应革命号召，参加了红军。不久，吴西鹏就加入了中国共产主义青年团，成为红四方面军第三十军的一名传令兵。1935年3月，蒋介石命令部队从各个方面进攻四川红军，红四方面军进行大规模战略转移，吴西鹏随部队强渡嘉陵江，转入长征。历经千难万险后，1936年10月，红四方面军与红一、二方面军在甘肃会宁胜利会师。

会宁会师后，吴西鹏随红四方面军奉中央军委命令西渡黄河，执行"宁夏战役计划"。在西进的过程中，西北地方军阀马步芳派重兵围追堵截，企图在河西走廊消灭红军革命力量。红军第三十军是红四方面军主力部队，吴西鹏跟随部队，在甘肃境内，攻占景泰一条山，古浪大靖歼敌，占领凉州四十里铺，攻克永昌，战取山丹。

1937年1月27日，吴西鹏随军首长到达张掖西洞堡，马匪随即扑来"围剿"。当时，吴西鹏跟随红三十军代军长程世才、政委李先念在西洞滩登临白塔，凭高观察地势敌情，总指挥徐向前下达作战命令后，吴西鹏将命令传送到各个战斗小组。激战后，我军取得了胜利，史称"西洞堡大捷"，极大地鼓舞了红军队伍的士气。

1937年2月，马步芳集结重兵反扑，红军第三十军同红五军、红九军余部在临泽倪家营子同敌展开激战。在战斗中，一颗子弹穿过了吴西鹏的头顶，头皮被穿烂，鲜血直流，他顾不上包扎。在短兵相接中，他挥刀痛杀敌人，脊背和胳膊上被马匪砍了五刀，血流不止，昏死在尸堆里。血战七昼夜后，红军终因势单力薄，寡不敌众，损伤惨重，只好进行阵地转移。在边撤边打的过程中，红三十军同红五军、红九军的剩余人员，被迫退入祁连山，吴西鹏也因重伤被打散，不能跟随部队转战。

在剩余红军边撤边打的危难转折中，吴西鹏与少数的红军战士躲过马匪的残酷追杀，被迫撤退到张掖甘浚、龙渠一带的山沟地穴里，伺机分散转移。可马敌搜查得十分严密，他们村村为营，寨寨搜捕，路路布岗，使身负重伤的红军难能幸免。吴西鹏凭着坚强的毅力在山穴里养伤，忍受着隆冬刺骨的寒风和满身的伤痛，仅靠藏在身上的几块洋芋和一把麻子维持生命。在马匪怯于冬季时令与祁连山地形而撤退后，吴西鹏扮作农夫，以外地逃难为名来到张掖大满沿村乞讨。

一日，吴西鹏认识了贫苦农民陈新弟，陈家念其可怜敦厚就收留了他。陈新弟夫妇膝下儿女虽多，但只有一个年龄尚幼且体质较差的儿子，家庭劳力单薄，加之兵荒马乱，生活贫困潦倒，需要一个男劳力支撑门户。在暂居陈家的日子里，吴西鹏勤于帮助陈新弟，既能干活又会做饭，加之心灵手巧，为陈新弟补补房墙整整院落，还会修理犁耙绳

被马敌残杀的红军尸体

套之类的农具，深得陈新弟夫妇的喜欢。后经谈心拉家常，陈家了解了一些吴西鹏的家庭状况和个人打算，觉得吴西鹏也是一个受过苦挨过难的穷人，想为自己的女儿招赘。

吴西鹏忍受着隆冬刺骨的寒风和满身的伤痛，仅靠藏在身上的几块洋芋和一把麻子维持生命。

不久，吴西鹏与陈新弟的女儿陈秀珍结婚，正式安家落户到张掖大满新新村。吴西鹏深知自己是一名红军战士，是杀过反动军阀、地主恶霸、马匪强盗的地地道道的革命者，自己身负重伤，不能长途跋涉追随革命队伍，只有隐姓埋名。即便是结了婚，吴西鹏也未将自己的身世告诉陈秀珍，他默默无闻，隐恨含愤地耕田种地，保存生命，隐瞒了自己的真实身份。

吴西鹏肩宽腰圆，体格健壮，饭量超人，力大无比，个头在一米八左右，看不出是四川人。在身负重伤流落大满后，即使生活条件十分艰苦，他也硬是凭着惊人的毅力和超人的勤苦，养家度日。据健在的老人们讲，当年吴西鹏靠从祁连山背柴养活陈新弟一家人，柴禾从二十几里的山上再背到离家二十几里的甘州城变卖，往返 80 里，一个冬天吴西鹏日日不断，背的柴禾每趟在 100 斤以上，村子里没人能抵过他。

张掖解放后，吴西鹏在张掖大满公社分得地主家的土坯房两间，但仍与陈新弟一家人在一口锅里吃饭。不久，吴西鹏终于把自己身为红军，经历长征，渡过黄河，奉命到甘肃河西走廊开辟红色革命根据地，遇西北反动军阀马步芳的“围剿”而数次在战斗中中弹负伤的经

饿死在收容所内的红军战士

过，向陈家诉述清楚。陈新弟一家人听后潸然泪下，更加敬佩吴西鹏。

1959年，饥荒瘟疫蔓延张掖，甘肃河西走廊的灾情十分严重，当时张掖大满公社新新村仅一个生产队就饿死了二百多人，有的家庭无一人幸存，陈新弟与他的一个女儿也相继饿死。当时吴西鹏与陈新弟一家七八口人全靠扫草籽，捋榆树叶，挖野菜，采祁连山的野蘑菇维持生活。吴西鹏本来身材高大，饭量也大，实在顶不过饥饿的折磨。不久，他为了减轻家庭负担外出逃荒，与陈秀珍反复协议后不离婚而离别，吴西鹏逃荒到了新疆。

1972年，他的妻弟陈多荣上新疆独山子寻找远走他乡的二姐时，在哈密铁力木工厂打听到了大姐夫吴西鹏的下落。陈多荣出于对姐夫的想念和敬重，前往铁力木工厂找寻。吴西鹏由于生活中的难言之苦没有返回张掖大满，见了陈多荣既感惭愧，又很无奈。吴西鹏反复打听妻子陈秀珍与两个女儿的下落，当听到陈秀珍也因为饥饿嫁给了另一名老红军李得子去了甘肃古浪县大靖公社时，他激动而悲怆的心情稍稍有了一点安慰，但反复叮嘱陈多荣要找到两个女儿，希望女儿平安度日。

1990年张掖县部分流落红军合影

临别前，吴西鹏把自己积攒了多年的300元钱郑重地交给了陈多荣,希望陈多荣代为安抚陈家所有的亲人。

吴西鹏后来一直独居新疆,几乎在10年的日子里,他执著而不断地给远在张掖的小舅子陈多荣写信,了解家事并邮寄生活费,身虽清静而心挂念。想必是他过分忏悔失去妻女的年代与自己逃荒的做法。此后多年,陈多荣未再与他联系,吴西鹏现在生卒不详。

(何正功)

吴西鹏忍受着隆冬刺骨的寒风和满身的伤痛，仅靠藏在身上的几块洋芋和一把麻子维持生命。

由于向如沛长得瘦小，他每天都躲藏于一个破旧的风箱下面，才幸免于死。

向如沛——黑河岸畔流连

向如沛，男，1914 年 2 月出生于四川省苍溪县一个贫苦农民家庭。他于 1933 年 7 月在家乡参加中国工农红军，先后在红四方面军政治部、红三十军第八十九师第二六七团团部当警卫员。

1936 年 10 月，红军长征到达甘肃会宁，为“建立河西根据地”“打通国际路线”，红四方面军之五军、九军、三十军及总部一部从靖远虎豹口渡过黄河组成红西路军。过河后，向如沛所在的红西路军在吴家川首战告捷，又在一条山消灭马匪军 3000 多人，活捉了马家军的一名支队长，缴获大量机枪、步枪、战马，增强了装备，鼓舞了士气。随后，在永昌与马步芳骑兵、步兵和民团进行了数十次战斗，相持一个月之久，敌人损失惨重，红军也伤亡无数。而后，红西路军经山丹大马营、民乐永固、乃家崖、六坝向西挺进。时值寒冬腊月，北风呼啸，红军战士衣着单薄，缺粮少水。在进入临泽县倪家营一带时，遭遇强敌猛攻，他们与数倍于己的顽敌死拼硬杀，敌人尸体遍野，红军也血流成河……最后，红军从临泽梨园口撤退，在西牛毛山、康隆寺一带惨遭失败，向如沛不幸被俘。

被俘后的向如沛和战友们，先被关押在张掖南关车马店，每天白天都看到有大批的战友被抓捕来，每天晚上又有不少的战友被拉出去或被刀杀或被活埋，死亡的阴影笼罩在每个人心头，气氛令人恐怖至极。由于向如沛长得瘦小，他每天都躲藏于一个破旧的风箱下面，才幸免于死。度过暗无天日的 8 天后，向如沛和未遭杀害的其他被俘战士被编成组,8人一组抬着马匪军的伤员从民乐一带往青海西宁行进。一路上饥饿、寒冷、困倦和伤痛折磨着他们,稍不留神还要挨打,走不动的被就地砍死。在路经民乐县三堡村时正值夜晚,他们住在了一位老百姓家里,这家老人看到向如沛年小体弱十分可怜,就叹着气说:"你这身体走到半路就活不成了,不是被饿死,就是被砍了。"

向如沛想到这位老人是同情自己的,就苦苦哀求老人救他一命。老人看到周围没有看押的马匪兵,二话没说,将向如沛推进了自家的草房,埋在了麦草里,并悄声告诉他不要乱动、不能露头,随后将草房门锁上。向如沛在麦草房里睡了一天一夜,第二天晚上老人才把他叫出来,老人给他端来一大盆小米面条,向如沛感动得泪流满面,一口气吃了个净光。他觉得那是很久以来吃得最香、最饱的一顿饭。当看到老人家里还坐着一位小伙子,炕上放着一把枪时,向如沛又感到十分害怕。老人观察到了向如沛慌张害怕的神情,便告诉他不要害怕,说这是他的大儿子,在本地民团工作,并说藏在他们家也不够安全。于是,老人给向如沛装了干粮,让儿子亲自护送他去丰乐下天乐河滩一带讨饭度日。从三堡村到丰乐下天乐一带大约30公里路程,一路上,他们几乎没有说话。或许是语言不通,或许是老人交待儿子不要说话,免得别人听出向如沛的口音,发现他是流落的西路军小战士。倒是向如沛十分担心这个拿枪的人会不会把自己打死,因为年轻人不但冒着被敌人发现的危险,还得受苦受累走上几十里地来送他。就那样默默无声地走了一整天,到了丰乐下天乐一带,老人的儿子转身走了。向如沛这才放下悬着的心,他从心底

1984年向如沛(右)与流落红军战友合影

由于向如沛长得瘦小，他每天都躲藏于一个破旧的风箱下面，才幸免于死。

救助过红军向如沛的田明安老人

里感激他遇到的这些好心人。

他独自漫无目的地走着，向如沛闻到了一股扑鼻的香味，顺着香味走过去，推开门见是一家油房，里面的人正在喝油茶、吃油饼。看看模样，听听口音，大家便知道他是流落的红西路军小战士。好心的农民给他端来了油茶和油饼，吃完后他感觉身子暖和了许多。有好心的农民想让他留在油房过夜，但也有几个人不敢留他，因为他们说油房是马匪经常出没的地方。于是，向如沛继续往前走，来到了一个涝池边，那儿有一座小草房，虽然破旧简陋，但可以遮风挡雨，向如沛就在那儿住了下来。一睡就是三天三夜，饿了他就吃点干粮，渴了就在涝池的冰窟窿里喝点水，有时也有好心的农民借挑水为他送来一点吃的。后来，他出去要饭时遇到了一位老人，老人把他留在家里吃了顿饱饭，还让他住了一晚。第二天一早，好心的老人让他骑着上山驮煤的毛驴去海潮坝山上的庙里避难，庙里的主持收留了他。看见炕上睡着的两个人也是他的战友，于是三人抱头大哭一场。

他们白天躲在山里，晚上回庙里吃饭、住宿。过了 8 天，马匪军搜捕的风声又紧起来，他们只好分散行动。向如沛顺山脚行走，来到了偏远的南泥沟，南泥沟有一位叫何有普的农民把他收做了义子。为防备马匪军的搜捕，何有普把他藏在山顶的一个洞里，就连白天也不让他出洞行走。由于村上的人们经常为红军战士打掩护，加上何有普乐于助人，失散的红西路军战士便三三两两来到这里，陆续在山洞里聚集了十七八个人。但由于何有普家境贫寒，实在解决不了这么多人的吃饭问题，他们只好走出山洞，继续沿村乞讨度日。

1937年4月,向如沛他们讨饭来到了民乐县丰乐新庄村,正赶上村里筹备修建学校、庙宇。一位老人看他们可怜,便答应将他们留下来做零活糊口,共收留下红西路军战士12人,并叮嘱他们不准说话,不要惹来麻烦。一天,一个马匪逃兵酒足饭饱后来到磨砖场地,逼问向如沛他们是不是共产党,向如沛他们比比划划不说话,就招来那家伙的一顿毒打。忍无可忍的他便顶撞了一句:“我就是共产党,我们就是共产党,你干啥?”那家伙气急败坏地把他们带到保里,向他们要12匹马、12支枪和钱,还继续逼问他们的身份。他们有的说是马夫,有的说是炊事员,有的说是护士。太阳快要落山了,那家伙没有任何收获,只好强行叫保长和一个甲长一同把他们押往洪水县城。大约行至民乐县海潮坝河坡时,在红三十军当过警卫员的陈学品和师部姓杨的一名同志,猛然将那马匪抱住摔倒在地,大家齐心上前拉的拉、抬的抬,把那个马匪拖到河坝里用石头砸死,并把他的尸体拉到土崖下用石头压住才算解恨。当时,保长和甲长已经吓得不知去向了,他们再次返回新庄村,但为了不给老百姓带来灾难,也为了行动安全,便分散活动了。

王定国(前排左六)与民乐县的部分流落红军合影

由于向如沛长得瘦小，他每天都躲藏于一个破旧的风箱下面，才幸免于死。

1939年5月,马匪军搜抓红军伤病员和失散人员的风声不紧了,向如沛便讨饭来到洪水城。因不是本地口音,碰巧被驻民乐县城的国民党中央军抓住,被圈在营房里。晚上,向如沛乘着看管不严,再次虎口逃生。几天后,当他在顺化乡曹营村讨饭时,不幸又碰上了中央军,再次被抓捕,押回县城逼问其他红军的下落。向如沛由于不说实情,被施以酷刑,由二十多人轮流打他,被打得皮开肉绽、鲜血直流。匪军把昏死过去的向如沛拖到北教场,又割去了他的左耳朵才算罢休。此时正值夏天,向如沛躺在炎炎烈日下动弹不得,身上生出许多虫子,浑身爬满了苍蝇,臭气熏天,谁见了都落泪。善良的老百姓冒着生命危险,你送一碗饭,他给一碗汤。就在向如沛生命垂危的时候,家居洪水城东门外的田明安老人,进城见向如沛还有一丝气息,便迅速返回家中,叫来自己的儿子田滋发、女儿田桂芳,将赤身裸体、惨不忍睹的向如沛抬到了土地庙照顾。田家人每天为他送水送饭,洗伤擦药,精心照料了8个多月,向如沛的伤口才见好转。伤愈后,田家老人指点向如沛到祁连山上挖药、拾蘑菇,隐姓埋名维持生活。向如沛十分感激田明安老人一家的救命之恩,时常前去探望他们一家。田家老人觉得向如沛勤劳善良、老实厚道,便将自己的女儿田桂芳许配给了向如沛,并帮助他们完婚成了家,定居在洪水城。

解放后,党和政府关心向如沛及其他流落红军战士的生活,除补给他们一定的生活补贴外,还经常进行走访和慰问。向如沛曾为民乐县公安局修理过枪支,在民乐县双树寺水电站做过技术工,为洪水镇新丰村的村民看管过水井,还为学生作过爱国主义教育讲座。

2002年4月向如沛与世长辞,终年88岁。

(姜明桂)

最后他们用20块银元强买了20个饺子，馅是油炸的黑面饼剁碎做的，皮也是黑面的。

许家树——阅尽沧桑

1916年7月21日，许家树出生在安徽省六安县独山镇余家冲一个贫苦农民的家里。由于家贫，家中没有人能读书，从他记事起就给地主放牛换饭吃。刚满10岁那年，母亲去世了，真是祸不单行，第二年父亲也去世了，哥哥是赤卫队的队长，在一次战斗中不幸被国民党抓去杀害了。父母死了，哥哥被抓，12岁的他无依无靠，就参加了儿童团，拿着红缨枪干起了革命。1930年4月，由于地方反动派告密，他被国民党抓走了。为了不让这棵独苗折断，舅父把他保了出来，就在舅父和姐姐家勉强轮流度日。

激情岁月

1930年1月，他的家乡发动了六(安)霍(邱)起义，创建了皖西革命根据地。这年7月，他参加了中国工农红军，在红四军第十一师三十二团二营五连当勤务兵、传令兵。刚刚参加红军的许家树参加了第一次反“围剿”斗争，由于他机智勇敢，战斗中总是率先冲入敌阵。不久，传令班班长李洪正介绍他加入了中国共产主义青年团，他先后参加了黄安、商城、苏家埠等战役。1932年6月开始，他先后在红四方面军第三十军八十八师二六八团三营八连任班长、排长、连长等职。

扩大红军是部队经常进行的重要工作，需要大量的兵源来补充缺额和组编新军。在新苏区,许家树经常参加部队举行的军民联欢大会,动员壮丁参加红军,还用交朋友的办法吸引青年农民到红军队伍中来。1932年8月,第四次反“围剿”斗争遭到惨重失败后,许家树随部被迫于10月参加西征转战进入川陕革命根据地。此后,他参加了艰苦卓绝的反“三路围攻”和反“六路围攻”等斗争,1934年7月18日他加入了中国共产党。1935年2月强渡嘉陵江,随军长征。1935年6月红一方面军和红四方面军在四川懋功会师后,他随部队北上建立川陕甘根据地。

1935年9月中旬,在一个风雨交加的夜晚,他随部队沿白龙江通过残缺危险的栈道来到腊子口。腊子口位于岷县境内,是川甘两省的天险门户,两边悬崖绝壁耸立,有“一夫当关,万夫莫开”之势,甘肃军阀鲁大昌用3个团的主力扼守在那里。红军为了攻克腊子口,进行了战斗动员:“是冲破腊子口,北上抗日,还是退回草地?”战士们斩钉截铁地回答:“宁愿战死在腊子口,也不退回草地!”于是部队一面组织了敢死队,冒着敌人的炮火从正面进攻。一面组织了奋勇队沿着左边陡峭的石壁,带着绳索利用山上树林逐级交替的架势,一个一个把人吊上去,绕到守敌侧后,用手榴弹袭击以配合正面进攻。他和战士们经过一昼夜的

许家树(左二)在当年战斗和流落的地方甘浚堡留影

飘落的种子

最后他们用20块银元强买了20个饺子，馅是油炸的黑面饼剁碎做的，皮也是黑面的。

70 年代的许家树

激烈战斗，鲁大昌的 3 个团全部被击退向岷县城逃窜，红军占领了腊子口，粉碎了蒋介石想借这处天险消灭红军的阴谋。

1936 年 10 月，三大主力红军会师在甘肃会宁城下。为了执行中央军委挺进河西、打通国际通道的任务，10 月 25 日夜，他随部队开始从靖远虎豹口渡河。虎豹口浊浪排空，震耳欲聋，像虎豹一样凶猛。夜已深，人困乏，衣单薄，难胜寒。红三十军代军长程世才、政委李先念来到第八十八师前沿指挥所，调兵遣将，坐镇指挥。红军将士们凭着顽强的毅力、机智灵活的头脑和几只木船及羊皮筏子，安全渡过了黄河天险。

黄河西岸，西北军阀马步芳的部队在沿河驻守，地面上，他们像恶狼一样觅寻红军的踪迹，空中又有飞机的侦察轰炸，年仅 20 岁的许家树，参加了景泰五佛寺、一条山激战。从此，他跟随西路军孤军无援，鏖战河西，喋血荒漠，开始谱写中国战争史上那苍凉悲壮的一页。

1936 年 11 月 25 日，马元海率三个旅两个团和部分民团，向永昌以西的八坝、七坝一线的红三十军前沿阵地进攻，子弹在战士们的头顶呼啸着。与敌激战两天一夜，许家树和战士们手榴弹掷完了，子弹打光了，全凭着对党和革命事业的忠诚而产生的超常的勇气和蛮力，他们挥舞着大刀与敌人肉搏……与敌激战两昼夜方将敌击退。

高台危急时，西路军指挥部命令红二六八团两个连支援高台，他带着八连急行军赶到双城堡，不幸传来高台失守、董振堂牺牲的消息，不得已又返回临泽。在途中，他们实在太饿了，想弄点吃的，敲开了一家百姓的门，看见这家人正在包饺子，他们的口水在嘴里直打转。由于马匪成天搜查，当地人遇到陌生人大多紧闭房门不敢轻易馈食。但由于人穷，见了钱还是动心的，最后他们用 20 块银元强买了 20 个饺子，馅是油炸的黑面饼剁碎做的，皮也是黑面的。虽然 20 块银元只买了 20 个饺子，这可以说是他们几个月来最好的吃食，也是他一生中最贵的一次吃食。到了临泽，没有武器，大家只得集中一些石碾、石磨、石头，准备迎战。在临泽的兵工厂他们赶制了一批带钩的长矛，但也只能供部分战士使用。与敌苦战三昼夜后，他们突围辗转来到倪家营。

左叶(左三)与流落张掖的西路军战士留影

1937 年 1 月 23 日拂晓，敌人以两个旅的兵力，发动进攻。战幕拉开，敌机在空中低徊，助威炮兵为其开路，接着是步兵在督战队的威逼下，猫着腰往上冲。当敌人进至红军前沿阵地三四十米的时候，指挥员一声“打”，他和战士们从坍塌的工事、弹坑中跃出，个个眼冒怒火，手挥战刀，杀入敌阵。霎时，阵地上刀枪交晃，血浆飞溅。敌军鬼哭狼嚎，人仰马翻，丢下死尸，狼狈逃去。他所在的部队从倪家营突围而出，东进到了甘州西南的西洞堡、龙首堡，他们在西洞堡打了个漂亮的歼灭仗，战士们满怀喜悦。

1937 年 1 月 28 日，部队重返倪家营子后，他所在营坚守汪家墩阵

最后他们用20块银元强买了20个饺子，馅是油炸的黑面饼剁碎做的，皮也是黑面的。

地。说是一个营，实际上只有70多人，敌人用骑兵、步兵、民团、自卫队层层包围，还以大刀压阵，扬言有后退者立斩无赦。敌人仰仗人多势众，一线平摊地压上来。一颗子弹击中了许家树的左上臂，因为精力高度集中，还没感觉痛，又一颗子弹又打中了他的右臂，他倒在了地上。等他醒来时，战斗已结束，他们一个营，也只剩下十几个人了。

流落生涯

1937年2月，他随军转战梨园口，进入祁连山，在康隆寺复遭敌骑兵、步兵的合围，激战一天，晚上顶风冒雪，连翻几座大山，来到石窝山一带。

在石窝山分开后，许家树流落到康乐一带的山上养伤，由于山上没有粮食，又没有药品、绷带，伤口溃烂流脓，他只好下山。由于马匪军和地方民团看见红军就抓、就杀，为了及早把伤养好去寻找主力部队，他改名叫李延法，与三位战友过着乞讨生活。

他们走到沙井子五个墩地面时，遇见了红军总司令部流落下来的战士马占奎，马占奎给他们几个人每人写了一个条子，并指示他们去金塔毛目等地，说那里没有马匪队伍，相对比较安全。他们一路乞讨到了毛目县和金塔交界地——夹断弯，夹断弯有一座大庙，他们就在那里一边养伤，一边讨饭。

许家树夫妇

1938年6月，许家树实在没办法生活下去了，伤口还未愈合，身上仅有的几块钱也花完了，只好一路乞讨来到高台。在那里遇见了一名叫马自川的红军战士，于是俩人相依为命，住在高台县羊达子河孙家庄一起过讨要生活。天长日久,讨要队伍越来越庞大,他们与傅呈祥、李平余、李成跃一起讨要。

许家树(左)与易蒲彩

1939 年 4 月，许家树靠给“核桃客”在南山挖金子度日。1940 年 12 月,流落在沙河的难友李平余给他介绍了一个叫张永华的女子，从此许家树成家住在临泽鸭子渠刘北礼家中。1941 年，已有妻室的许家树转挑货郎担，靠在临泽走村串户卖个针头线脑的维持生活。1946 年 3 月,他又到酒泉城给人家做工。真是屋漏偏逢连阴雨,不久,妻子在生孩子时死了,他又成了孤家寡人。1946 年秋收后,他勉强在酒泉城里摆了个纸烟摊子来维持一个人的生活。1949 年 3 月他回到张掖。

张掖解放后,许家树经解放军第一兵团三军政治部主任左齐介绍来到军事管制委员会，后又由地委的刘昌汉、许尚志介绍到张掖县，被分配到康乐区任区长。1956 年 1 月撤区并乡后,他又被调到西洞乡任乡长 3 年。1958 年合并大乡后,他又任甘浚乡的乡长。人民公社化后,由于他身体虚弱,疾病缠身,只好在甘浚公社工作兼任公社园艺场场长。1958 年许家树与甘浚公社女子张馥香结为夫妻,1975 年他因病离职休养。

许家树一直过着清贫的生活，从未向党和政府提过过分的要求，他认为:“我能活到现在,能享受党和政府给予老红军的待遇,能生活

到现在这样的社会里就很不容易了，比起和自己一起出生入死在战斗中流血牺牲的同志，就很不错了，也很幸福了。”

1984年4月，他的红军身份得到确认，将“红军流落人员证”统一换发为“西路军红军老战士光荣证”。1984年9月，他正式离休。1987年去世，终年71岁。

许家树的一家

（许小云）

最后他们用20块银元强买了20个饺子，馅是油炸的黑面饼剁碎做的，皮也是黑面的。

其余的战友都被送往张掖邀功请赏后活埋，易明清因为腿断了不能行走，被马匪暴打了一顿后抛弃在康隆寺。

易明清——一片青山了此生

易明清，男，江西省赣县昆西人，1914年出生在一个贫穷的农民家中。1931年6月，给地主做长工的易明清偷偷离开地主家，在昆西参加了中国工农红军，后被分配在红五军团当勤务兵。他随部队先后参加了中央根据地第四次、第五次反“围剿”斗争中赣州、龙岩、南雄、漳州、水口等地的战斗。1934年10月随红一方面军长征，1935年8月在川西改随红四方面军长征。1936年10月会宁会师后，他随部西渡

1958年解放军进入“镇压杀害红军的反革命”的会场

黄河,在红五军军部电话排当排长。他被编入红西路军后,西进河西走廊,参加了山丹一个多月的艰苦战斗,每到一地他首先要架通电话,为首长联络指挥作好准备。1937 年 1 月 1 日,在军长董振堂率领下他随军进占高台县城,脚跟未稳,马匪部前线总指挥马元海率骑、步、炮兵及民团两万余人将西路军分割包围,并集结重兵进攻高台县城。红五军弹尽粮绝,终因寡不敌众,县城被马匪攻破,军长董振堂、政治部主任杨克明及以下官兵近 3000 人壮烈牺牲。易明清自始至终跟随首长,坚持到最后失利,他和极少数人突围后到了临泽城,被编到红三十军第八十八师通讯连任排长,参加了倪家营、三道柳沟、梨园口激战。在康隆寺战斗中,第八十八师通讯连只剩下二十几个人,他们据守在一道山梁上。连续战斗、行军、饥饿和寒冷已使易明清和战友们疲惫不堪,在战斗的空隙中,他们都抱着枪睡着了,深夜刺骨的寒风把他们冻醒后,枪、炮声震天的战场,已变得死一般的寂静,部队已不知去向。

易明清和战友左右寻找都找不到部队,他们就朝大草滩沟脑走

易明清(前排左四)与流落肃南的红西路军战友留影

去，在红沟脑的山洞里隐藏了十多天。战友们一边疗伤，一边寻找部队。他们偶然在一个山洞里发现了富人隐藏的财产、粮食，于是找出了身上仅有的银元，写了一张说明情况的条子，把银元和条子放在其它财物上，拿出粮食充饥。十多天来，部队没找到，却找到了十多个失散的战友，他们聚集在一起。在一次转移时，他们被搜山的马匪骑兵发现。疯狂的马匪挥舞着战刀，一边奔跑一边怪叫着，易明清和战友们沉着应战，他们四十多人边打边找有利地形隐蔽，打退了马匪的一次次围攻。半个多小时的激战，易明清的枪管都打得烫人，他突然发现排长的处境非常危险，扑上去救护排长时，他的右脚脖子被敌人一枪打断了。气急败坏的马匪又一次围了上来，子弹打光了，手雷也扔完了，在与敌人拼搏时他们被一个个活捉了。其他战友都被送往张掖邀功请赏后活埋，易明清因为腿断了不能行走，被马匪暴打了一顿后抛弃在康隆寺。马匪走后，被打得遍体鳞伤的易明清在裕固族牧人和汉族商人的救护下，伤势逐渐好转。

其余的战友都被送往张掖邀功请赏后活埋，易明清因为腿断了不能行走，被马匪暴打了一顿后抛弃在康隆寺。

易明清(左一)与流落肃南的红西路军战友留影

1943年，拄着木棍能行走的易明清来到裕固族东八格家部落的石窝一带，走进了裕固族老大娘焦斯巴楞的帐篷。焦斯巴楞性格开朗，心地善良。1937年红军在石窝一带打仗时，马匪一伙一伙到她家搜捕红军，乘机抢劫财物，但她还是冒着杀头的危险救护过红军伤员，并把十多个失散、负伤的红军战士收留在她家里。白天她把他们藏在松林里，晚上给伤员烧茶、做饭、洗伤口，临走时她又准备了炒面、铁锅和引火的火镰，送战士们上了路。这次易明清上门求救，这位善良的慈母又收留了他，并把女儿嫁给他，把他既当儿子又做女婿。他们一家人靠采药、拾蘑菇、打猎相依为命，过着十分清贫而又和睦的生活。

谁知好景不长，1947年，易明清的妻子患病死去。这对刚刚治愈战争创伤的易明清而言，其心灵上又留下了感情的伤疤，他整天生活在悲痛之中。焦斯巴楞这位伟大的慈母，强压下失去女儿的悲哀，安慰女婿节哀。1948年，经这位老人撮合和筹办，易明清又和裕固族孤女扫道麦吉结了婚。

新中国成立后，他就一直定居在肃南裕固族自治县康乐乡红石窝村。1955年，初级合作社成立，他被群众推选为保管员，多次被选为人民代表光荣出席肃南裕固族自治县的人民代表大会。由于他对保管工作一丝不苟，认真负责，1957年成立初级社时，群众推选他担任会计、财务委员。1958年，人民公社成立，他就担任生产队保管员，一直到1973年才因年迈休息。1965年，他还曾被选为劳动模范出席了肃南县劳模大会，受到过肃南县委、县政府的表彰奖励。他从初级社到人民公社近20年的财务保管工作中，初级社、生产队把全部家产交给他，牛肉、羊肉、酥油、曲拉、羊毛、羊皮样样俱全，有吃的，有喝的，有穿的用的，但易明清公私分明，一丝不苟，所保管的财物多年中无差错，无短少，无霉坏变质，被牧民誉为生产队的好管家，受到牧民群众的信任和爱戴。他时刻挂念着爱己若子的老岳母焦斯巴楞，逢年过节或家里有点好吃好喝的都要给老人送去，人们称赞说：易明清不但是生产队的好管家，也是裕固人民的好儿子。

易明清从不向组织要求什么，1983 年，组织上为照顾红军流落战士的生活，给他解决了城镇户口，并招收他的一个儿子到县办集体企业单位工作。

1996 年 11 月 15 日，易明清平静地走完了他的人生历程，终年 82 岁。

（田自成）

其余的战友都被送往张掖邀功请赏后活埋，易明清因为腿断了不能行走，被马匪暴打了一顿后抛弃在康隆寺。

余德水——他是高兴死的

一个特殊的日子——1970 年 1 月 1 日。

说它特殊，是因为对于大家来说，这一天是元旦，是新年，这一天发生的事往往容易记住。对于于生海来说，这一天是父亲出殡的日子，所以刻骨铭心。刻骨铭心，并非十分悲痛。一是因为父亲是高兴死的，可以瞑目了；二是随着老人的埋葬，一段屈辱也将被埋葬，以后他就可以自豪地活着，轻松地生活了！

余生海的父亲名叫余德水，是一位曾经爬雪山、过草地又征战河西从枪林弹雨中走过来的红军老战士！他有一段虽算不上惊天地、泣鬼神，但确实是充满艰险、充满曲折、令人回肠荡气的故事。

余德水，男，1893 年 9 月 9 日出生于河南省鄢陵县扶沟一个贫苦农民家庭，由于兄弟姐妹六七个，生活过得十分贫苦。那一年，他的家乡遭遇了特大水灾，田地被毁，生活无着。为了活命，他外出逃生，或乞讨，或打短工，居无定所，四海为家。逃生路上，他常常饥一顿，饱一顿，过一天，算一天，漂泊了几年，来到了四川省（具体地名已说不准）。1934 年，他遇到了一支队伍，见这支队伍人人头戴红五星，不欺压老百姓，拿老百姓的东西还给钱，没有钱就好言相求，从不强取豪夺。后来他听部队上的人宣传，他们是红军，是穷苦人的队伍，是为穷苦人打天下的，队伍里官兵平等，当兵不受气，就参了军。

当时部队武器装备较差，大多数士兵拿的是大刀长矛，火枪土炮，只有少数的钢枪。余德水当兵以后，经过了几个月的学习和训练，就开始战斗。他参加了川陕革命根据地反“三路围攻”和反“六路围攻”的艰苦斗争。1935 年 3 月，为配合中央红军长征北上，他随部队强渡嘉陵江，参加红四方面军长征。1936 年 10 月来到了甘肃，他参加了会宁三军大会师。同月他随军西渡黄河作战，参加了一条山大捷。一条山大战打得非常激烈，部队损失很大，许多战友牺牲了，他虽没有受大的伤，但双眼被火药熏坏了，留下了发红、流泪、视力差的残疾。被编入西路军后，他跟随部队转战横梁山、古浪城、永昌东十里铺杨家桥，经过张掖开拔临泽倪家营子一带，又经过了倪家营、三道柳沟、梨园口、康隆寺等不知多少次大大小小的战斗。在康隆寺战斗中，由于部队连续作战，弹药匮乏，补给困难，伤亡很大，他也右胳膊中弹，昏迷了过去。等到醒来时，四周一片漆黑，不辨东西，部队也找不到了。求生的本能使他连滚带爬地寻找藏身之处，先在山里藏了几天，他那原来就残疾的双眼，几乎全瞎了，只能依稀看得见地面。为了养伤，也为了躲避马匪军搜山队的搜查，他就乔装改扮成了逃荒要饭的叫花子，东躲西藏，一面要饭一面悄悄打听部队去向，不知过了多少时间，才摸到了一座庙里。由于衣不蔽体，食不果腹，他便把这里作为栖身之所，后来才知道这个地方叫上寨子，属于沙井子地面。

1958 年余得水（后排左）在张掖县流落红军座谈会上

1964年余得水(前排左一)在张掖县流落红军座谈会上

在庙里躲了一些时日，人们见这个叫花子可怜,人也老实,便让他留在了庙里。他化名“于占魁”，人们就都叫他“于叫花子”。一来二去，他就成了看庙的，靠耕种二亩庙田维持生活。大约是在1938年底,他娶了沙井子饮牛河（现沙井村五社)小他18岁的王氏女子为妻,分别于1940年、1943年生育一男一女。由于添了两张吃饭的嘴,他们一家生活过得十分艰难。1944年,外公实在不忍一双外孙受罪,便把他们一家四口从上寨子迁移到了沙井子,给了几亩地让他们耕种,在生活上相帮相扶,从此他就又落户到了沙井子。1946年他们又生一子,并取名于生海。后来,在上寨子所生的一子一女分别死于白喉症和黄胆。

解放后,流落红军战士的身份慢慢地公开了,他的名字也改用真名。在土改时他只要了一头牛几亩地,家人抱怨他心眼太实,劝他多要点财产,他只是说:“我本来就是一个要饭的,是共产党和红军救了我,我参加了红军才挺直腰杆子做了人。虽历尽磨难,穿过枪林弹雨,但毕竟活下来了,那么多人牺牲了而我能活下来,又有了老婆有了家有了孩子,够幸运的了。有地种有饭吃就行了,要那么多东西干啥！”1958年,政府确认了他流落红军战士的身份,并给予他物质奖励。民政部门开始给他发放每个月10元钱的生活补助，大约是1960年，每个月又增加了两元。

文化大革命时期,余德水遭到了批斗,罪名是“反革命分子”。有人诬陷他是“红老大”(红帮老大、红帮头子),大概是因为他说过他是“红老大”(红军老大哥),因为他参加长征时已经40岁出头,在战士中年龄偏大。那时他常被机关、学校、部队等单位请去做报告,进行革命传统教育。他喜欢给年轻人讲长征的故事,讲他光荣而又曲折、充满传奇色彩的经历,讲他如何当兵打仗,如何过雪山草地。兴奋之余,他常自豪地说:“我是红老大——红军老大哥”,“我比毛主席还大哩!”(同毛泽东同年生)这位红军战士,在枪林弹雨中没有倒下,却在和平年代里被强制戴上牛皮纸高帽子游行,胸前挂着纸牌子,手里敲着破脸盆,见了人还要喊“我是反革命,我有罪”;被剃光头,用石蜡抹黑脸说他是黑帮;早请示晚汇报、低头认罪;白天强制劳动,晚上脖子上用铅丝挂上车“弯板”(做老式大轱辘牛车车轮的板子)开批斗大会。可怜古稀老人,几番折腾下来,身体差得只剩下一口气。他儿子于生海也因为他是“反革命”而受到牵连,罪名是“包庇反革命分子”,“没有与黑帮划清界限”,“阶级觉悟不高”,并被撤销生产队长职务,批斗、“群管”了一个月。

由于不甘心忍受这样的屈辱,坚信党和政府的公正,父子两人不断地申诉、上访。1969年12月下旬,他们的“问题”得到了纠正,有关部

1958年张掖县保护红军有功人员合影

门召开了社员大会，当众宣布对他们的批斗是错误的，为他们恢复了名誉，解除了批斗。一周后，民政部门为余德水一次性补发三个季度的生活补贴。

老人回家后异常高兴，不停地念叨："我是红军，我不是红帮！我是真正的红军战士，党和政府还记得我！"28 日半夜里，他头痛剧烈，过了一会儿渐渐说不出话来，昏迷过去。谁料想，九死一生的红军老战士，没有被非人的折磨和常人难以想象的屈辱夺去生命，却因政治生命的重生而"兴奋过度，突发脑溢血"，于 1969 年 12 月 30 日晚掌灯时分走完了他自然生命的历程。时年 77 岁。

（王安民）

有人证明他当过俘虏当过国民党的兵，证明他给韩起功放过马，却无人证明他当过红军。

张　威——守望岁月

张威，男，1904年出生在甘肃省民乐县洪水镇新丰村的一个贫苦农民家庭。父亲张冲林，母亲王氏，都是从土里刨食的农民，他们面对一天天长大的三个儿子，心情越来越沉闷，日子也越来越窘迫。1916年，张冲林夫妇带着三个儿子离开民乐，去寻找新的生存空间，五口人寄居在张掖的玉皇庙里，依靠张冲林在城里摆个案摊售点杂货维持一家人的生活。1919年，母亲王氏病重，不久就死在了民乐县。家中去了半边天，生活更是上顿不接下顿。无奈之下，父亲张冲林只得把三儿子送给了回民做义子，被带到了青海祁连，不足15岁的二儿子也外出逃生去了陕西，自此永无音讯，15岁的张威再次随父亲到张掖打杂工。不久，父亲也去世了，无依无靠、孤苦伶仃的张威只得给张掖一家姓佘的食店行老板推磨维生。

1926年10月的一天，张威得空到街上闲逛，听说冯玉祥的部下刘郁芬督办来张掖招兵，便报名参加了冯玉祥的国民军联军。换装、整训、操练，一个月后，新兵开往兰州，张威被编为兰州督办府卫队团第三营第十二连第二排四班甲册兵。1928年4月，部队开往平凉驻防，张威被编为正式卫队团第三营第十二连第二排第四班当士兵，主要任务是清剿乡间流散的土匪。此时，马仲英在河州起事反冯玉祥，为了采取剿抚兼施的策略，张威又随部队被派往甘肃河州剿匪，在河州呆了近三年。1929年8月，孙连仲调任甘肃省政府主席，接管了张威所在的部队。1930年8月，蒋、冯、阎中原大战爆发，冯玉祥所属驻甘肃的孙连仲部开往中原前线，张威随部队转战到陕西西安、河南开封等地参战。中原倒蒋失败后，冯玉祥出走，张威所在部队驻河北张德府、魏贵府、怀清府等待命运的摆布。1931年初，蒋介石乘机将这支吃了败仗的队伍调往山东济宁地区，改编为国民革命军第二十六路军，张威被编入第二十五师第七十三旅三团四营四连当士兵，属董振堂部，随后即被开往南京浦口驻防。1931年春，第二十六路军被蒋介石下令调到江西"围剿"红军，先后在抚州、玉湟、南丰等地围打红军。

当兵5年中，张威围剿过散匪，剿抚过马仲英的判匪，还参加过反蒋介石的中原混战，现在又去"围剿"红军，真富有戏剧性。当初中原反蒋、打蒋、倒蒋，现在又归属于蒋介石反红军、打红军，张威搞不明白，也无须搞明白，他只知道军人的天职就是服从命令。

1931年，震惊世界的"九·一八"事变爆发后，国民党政府的"不准抵抗"主义，使东北大片国土很快沦陷，日本帝国主义的触角开始伸向中国内地，一批爱国士兵极为愤慨，"持枪实弹，怒眦欲裂，狂呼若雷"，甚有持枪痛哭者，挥拳击壁者。第二十六路军广大官兵纷纷要求北上抗日，并联名写信给总指挥孙连仲，表示"宁为战死鬼，不做亡国奴"。

1985年张威(后排左一)在张掖地区流落红军座谈会上

为了维护祖国的完整，孙连仲下令全军北上抗日，部队开拔后不久，就被蒋介石重兵阻拦，只得重返宁都。“中国人不打中国人！”“团结一致打日本！”各地人民要求抗日的呼声一天高过一天，共御外敌的利剑刚刚出鞘即被折回，这些报国无门的将士们开始躁动。

1931 年 12 月的一个夜晚，张威所在的第七十三旅旅长董振堂因受共产党影响，对蒋介石调动几十万部队进攻革命根据地，而不去抵御外敌入侵十分不满，于是发动了著名的“宁都起义”。那天晚上，驻防在广昌的张威所在部队突然紧急集合，说部队要换防，在部队集合到俞家河滩时宣布起义。从此，张威和他的 17 000 多战友在董振堂带领下归属中国工农红军，先被编为红一方面军红五军团。张威成了红军战士，在军部宣传部当口头宣传员，一边向群众做宣传鼓动工作，一边参加作战。

中央苏区第三次反“围剿”胜利后，中国共产党为实现革命在江西及其邻近地区首先胜利，令中央红军“首取赣州”，张威参加了红五军团增援赣州的战斗。1932 年 3 月，他参加了漳州、龙岩战役，6 月又参加了南雄、水口战役。1933 年 9 月至 1934 年 10 月，他参加了中央革命根据地第四次和第五次反“围剿”战斗，先后参加了南丰、黄陂、霍源、黎川等战役，战斗中，他右腿腿肚被炮弹炸伤。

第五次反“围剿”失败后，红军被迫转移。就在那时候，张威患上了瘪子霍乱，由于药品缺乏，不能得到及时控制，他全身起泡皮肤溃烂，昏迷不醒，只得昏昏沉沉跟在某营长陈培基带领的接济垛子（运送伙食粮食）的队伍里，白天停，夜里行，不料，夺命的病居然奇迹般地好了。1935 年 7 月，红五军团改称红五军，经过了湖北、湖南、贵州、云南，直到川西。张威和战友们爬雪山，过草地，吃草根，嚼马皮，终于到达四川西康。在西康休整的时间里，张威参加到用羊毛加工衣裤和袜子的队伍里，准备过冬的衣服，还从山中掘取草根等可食的根茎，有时还要去搜掘治病的药草。

1935年11月，红五军与红四方面军的第三十三军在川西地区合编为红五军，归红四方面军建制，张威仍在红五军第三团第一营四连二排四班当战士。在红军长征到达甘肃岷县时，张威由他的连长焦世元和排长张学谦介绍参加中国共产党候补党员，并发给候补党员证。1936年8月，吃厌了草根加牛肉的战士们从岷县西南走出崇山峻岭和茫茫草地，在富庶的岷县补充营养后奔赴甘肃会宁。

1986年张威(后排右一)在张掖地区流落红军座谈会上

1936年10月会宁会师后，张威随部队奉命西渡黄河，参加了景泰一条山战斗，在战斗中再次负伤。部队在向大靖、土门开进之前，张威原来的二排排长张学谦已打入敌人内部，做了马步青属下的副营长。为了扫除红军前进的障碍，及早打通行军路线，红五军军部五组派张威利用本地人的优势，拿着董振堂军长的亲笔密信前去土门联络地下党员张学谦。张学谦看了信后，经过连夜密谋，说通了营长马占苍，当夜一个敌营就投降了红军，这次联络活动很成功，张威受到了军部表扬。

部队到达永昌后，张威又受军部五组组长孙立德和曹汉英派遣，并委任他为西路军干部第一团团长，到民乐联络做策反工作，说服民团团长赵良圣、营长刘广元率部起义，以减少红军前进的阻力。一天晚上，张威带着部队给的两百块白洋的活动经费、委任状和自己的候补党证，受命独自一人走在通往民乐的路上。当时马步芳的部队已将四面包围，他躲过了敌人，连夜奔走，当走到山丹大马营石圈子一带时，

发现后面有马匪骑兵跟踪，为以防万一，张威将随身携带的党证、白洋埋在了河坡下，继续赶路。到了民乐，张威立即找到了自己的堂兄张英商量做赵良圣工作的事，不料遭到反对，情急之下，张威又将民团的几个头目刘广元、于积录、张登宪、贾中志等请到家里，吃羊喝酒，说服他们起义，投诚红军。

经过张威的动员说服，加之红西路军的声势，几个人提出了红军给 20 支盒子枪他们组织手枪队的条件后，答应混入城里，等红军到来时搞里应外合夺取洪水城，事定后，张威就在民乐等待红军的到来。此时正是 1936 年腊月，人们扫房、劈柴、推磨、蒸馍馍，忙前忙后准备过年，地儿虽小，人们虽穷，过年的热闹气氛还是有的。张威左等右等，一等就是十几天。

一天下午，民团的一个人跑来告诉张威："共产党前哨已到倪家营，你在民乐蹲不成了。"张威预感到事情的麻烦，红军不到洪水来，自己不知会有什么不测，于是立即动身去寻找部队。到了民乐南古，前方炮声正隆，张威判断不清战斗的形势，就在南古宗希成家住了一夜。第二天，宗希成给他换了一顶帽子扮作农人又匆匆赶路，一天一夜赶到了倪家营，此时的倪家营已是炮火连天，血流成河。张威听说自己的部队在高台，又连夜赶往高台，想找到组织汇报自己联络策反的情况。那时部队刚刚进城，敌人还没有包围高台，张威向组织汇报了工作后，便投入了紧张的备战中。三天后，部队被马匪层层围在高台城里。

高台血战失败了，张威被俘。被俘后，张威被押到武威，编入马匪军特务团传令队，给被俘人员送饭。两个月后，张威借故请假回了民乐，又过了两月，马匪军要换防，听说张威是本地人，看上去也不像红军，就把他放了，获释后，张威回到了家乡民乐。

回家后不久，已经三十多岁的张威经人撮合与洪水地面的张凤英结为夫妻。可惜好景不长，1937 年 9 月，有人告发张威是红军，他又被民乐快班抓捕，交给韩起功的弟兄被连夜送到张掖，坐监牢两年零十个月。家中有了妻室,坐监牢要坐到何年何月,张威的叔叔着急了。为了救他,叔叔张才林变卖了家中的东西,凑了白银20块,另带两包茶叶,求情于韩起功的红人——山丹军马场场长马老五,才由马老五出面将张威要到山丹马场放马。这期间,他利用放马之机,曾到山丹石圈子的河滩里找过他掩埋的党证和白洋,但没有找到。不久,又有人告发他是红军,审查中他被吊打五百皮鞭,直打得皮开肉绽,血水淋淋,他也没有承认自己当过红军,就这样又混过了两年。两年后,张威的叔叔张才林不忍心侄媳张凤英独自拖着两个孩子,于是给马场管事送了五张羔子皮,两包砖茶,才将张威替换回家。

回到民乐后,已有两个女儿的家庭日子虽过得紧巴,也还能过得去,可是,妻子在此后的几年中再不生养。没有儿子成了张威的一块心病,1949年,张威就将堂弟张俊一岁半的儿子抱回家,过继给他顶门立户,并取名张全光。有了儿子,张威凑合着修了几间房,时隔四年后,妻子又生一子,取名张银光。

解放后,张威多次向组织申请,要求恢复红军身份,都因被俘和当国民党兵的事被搁浅。转眼到了1958年,组织上对流落红军进行摸底登记,有人证明他当过俘虏当过国民党的兵,证明他给韩起功放过马,却无人证明他当过红军,因为当年他说服策反过的民团头目已被镇压,无法找到直接证明人。饥饿的年代,两个女儿虽已出嫁,可家中还有四口人,孩子年幼,妻子有病,家中日子一天不如一天。1961年,妻子张凤英患癌症去世,张威带着两个年幼的孩子既当妈又当爹。为了两个孩子不被饿死,他背着扛着带孩子讨饭到了青海祁连,在劳改营拾个青稞头捶下来是一顿,挖几个草根也是一顿,好心人家给个一碗半碗的也是一顿。三四年中,孩子夏天换不下棉裤,冬天还穿单衣,几间房子今天一根椽子明天一个檩子换着顾了肚子,就这样勉强将两个孩子拉扯大。

"社教"时,张威有了土地,能自己养活自己,但他还是不忘找回他

的红军身份。直到1985年10月，地、县党史部门按照张威本人申请，反复查证核实，报请民政部门认定了张威“西路军红军老战士”的身份。1988年，张威去世，终年84岁。

注：参考1984年张威“我起义当红军后的情况”；
1983年张威“关于申请‘红军荣誉’称号的报告”；
1984年卫国民“关于张伟参加红军的前后经过调查”；
与张威儿子张全光多次电话采访和访问记录。

(王国华)

张凤英——梨花一枝春带露

张凤英，女，1920年出生于甘肃省山丹县。自幼家境贫穷，家人为使她不被饿死，将她送给了山丹城里的吴元善家当童养媳，从小她就吃尽苦头，饱受折磨。1936年12月中国工农红军西路军进驻山丹县时，张凤英去部队讨饭，战乱中被部队卷走，随后，她就参加了红西路军，在红九军供给部当战士。同月，她随部队进驻临泽沙河堡，与武器装备精良、粮草给养充足的国民党马步芳、马步青的部队作战。由于红五军在高台孤军奋战，高台失陷，“二马”就重兵调头围攻临泽。临泽激战，难以坚守，部队又转战到倪家营，张凤英发挥本地人的优势，深入群众之中为部队筹集粮食，动员妇女帮助红军。这期间，她以百倍的信心，十分的热情，走村串户，穿梭在硝烟枪弹之中，克服重重困难，动员一户户群众，支持、帮助红军。

1958年张凤英(后排右一)在流落红军座谈会上

西路军因为供给不足，弹药短缺，以寡敌众，被围困在倪家营，倪家营很难守住，只有突围撤出。部队撤退到三道柳沟，又被大批敌军追赶包围，激战数天后，再次逼迫突围进入梨园口。梨园口的战斗更加残酷，广大指战员前赴后继，顽强拼搏，梨园口内，白刃厮杀，血肉横飞。为了保存力量，西路军边打边撤，进入祁连山腹地的康隆寺一带。1937年3月，在康隆寺的战斗中，张凤英与部队失散，她饥寒交迫，走出大山后流落在甘浚一带，以乞讨度日。

1973年张凤英(后排右一)在流落红军座谈会上

一日，她讨饭到了海家寨（现甘浚祁连村），一个叫鲁天佑的好心人将她收留。张凤英尊老爱幼，勤劳踏实，为人贤慧，就在海家寨站稳了脚跟。山丹距离甘浚不算远，她本来可以回到老家，但因战乱不知家人死活且国民党"清剿"不断，也因想起童养媳的辛酸，同时感念鲁天佑的搭救之恩和海家寨人的热心，她就又留了下来。鲁天佑的儿子鲁长福见她吃苦耐劳，会过日子，心眼又好，对她产生了感情，后经人撮合，他俩拜堂成了亲。鲁天佑成了她的公公，也成了保护流落红军的功臣。鲁天佑为了自己的儿子，更是为了受尽苦难的红军儿媳张凤英，他给海家寨有名的富户赵玉兴当了几年差，挣得了一些房产和土地，日子才过得不愁吃喝。

然而好景不长，婚后不久，张凤英被地方保长告发，负责"清剿"红军的马匪军把她抓到张掖城关押了四五天，丈夫出钱保释她才得以回家。第二年，张凤英生了一个儿子，起名鲁学宝，但这个孩子神志不清，说话颠三倒四，生活不能自理，在20世纪50年代困难时期因饥荒而亡。后又生有一个女儿，名叫鲁桂香，长大后与同村三社的何宝明结为夫妻。

张凤英流落到海家寨，一直受到全村人的同情。解放后，她劳动积

极，工作努力，担任过妇女代表，当选过村妇联主任，一干就是8年。在饥荒时期，她自己的生活都没有着落，可她宁愿吃树皮，啃草根，也让两个侄子活了下来。1968年公社革委会成立之后，她又被推荐为九队队长，又干了6年。她勤劳吃苦、团结群众、光明磊落、工作努力的好品德在海家寨传为佳话，她常被请到村小学和各部队宣讲红西路军的感人故事。因此，她在“文革”和历次政治运动中，都没有受到冲击。1978年，张凤英因病去世，终年58岁。

（汉继斌　糟俊桢）

他流浪到临泽县板桥乡，偶遇耍猴的河南老乡杨春义，被其收为义子，并将他带到张掖县甘浚乡三关村居住。

张经国——流转的岁月

70年前，一群怀揣着崇高理想的人，用他们不可征服的精神力量，在千里河西走廊谱写了一曲英勇悲壮、可歌可泣的英雄史诗，这群人就是浴血征程的红军西路军将士们。张经国，就是这群人当中极普通的一员。

张经国，男，1913年出生在安徽省金寨县南湾乡麻河村柏元生产队的一个贫苦农民家庭。他要过饭，帮地主放过牛，常常连肚子也吃不饱，从小就饱尝了被剥削和压迫的痛苦。

1927年，张经国的家乡有了中国共产党的组织，领导农民运动，很多贫苦农民都参加了农民协会。张经国当时才14岁，他瞒着父母亲，也没告诉弟弟张经仙和比他更小的妹妹，偷偷参加了农民协会。就这样，他成了一名农民协会会员。

1929年5月，张经国家乡毗邻的商南，武装起义成功，成立了工农红军。5月中旬，张经国的家乡古碑冲、南庄、七邻湾、张家祠堂等地，武装暴动也取得胜利，并建立了游击队。由于他聪明伶俐，记性好，从此，他成了游击队里的一名勤务兵。他为游击队送文件，下通知，工作十分认真。同年8月，他随部队编入中国工农红军第四方面军。由于他机灵勇敢，成为红四方面军第三十军供给部的一名优秀传令兵，从此，张经国成了一名真正的红军战士。

1930年，张经国在红四方面军第三十军军部先后担任传令兵班长、粮食科士兵。之后，他参加了鄂豫皖根据地第一至第四次反“围剿”，并参加了黄安、商潢、苏家埠、潢兴四次进攻战役。1932年秋，鄂豫皖苏区第四次反“围剿”失利，红军主力西进川陕，开辟新的根据地。这时，张经国随部队西进转战，先后参加了川陕革命根据地的反“三路围攻”、仪南、营渠、宣达三次进攻战役和反“六路围攻”。由于工作积极、认真、果敢，他担任了第三十军供给部通讯排排长。

1934年初，张经国随部队到达四川青岗墩时，红四方面军成立了炮兵团，张经国被调到第三十军炮兵团，任炮兵团第一营第一连三排排长。当时，炮兵团有三个营，大约900人，每一个营只有六门八二迫击炮，炮兵排一个排只有两门炮，其他战士都扛长枪。行军时，他们把迫击炮卸成三大件扛着，到打仗的时候再安装起来。

到炮兵团后，张经国在四川巴州接受了几个月的训练，然后随部队进入甘孜一带，进行休整。后张经国跟随部队二翻雪山，三过草地，于1936年10月在甘肃会宁胜利会师。然而，形势十分危急，蒋介石见全国红军都集中到了甘陕地区，立即调集大批国民党中央军进入，准备乘红军立足未稳之机，一举将红军“围歼”。

1964年张经国(后排中)在流落红军座谈会上

为了求生存，张经国随部队西渡黄河，执行河西的作战计划。改称西路军后，部队开始在河西建立根据地，执行打通“国际交通线”的任务，从此，他随红西路军开始了悲壮的浴血西征。

在一条山，红西路军与马步芳部3万多正规军及10万民团，展开了惊天地、泣鬼神的殊死拼搏。11月初，马步青各部从东北方向压来，马步芳部

他流浪到临泽县板桥乡，偶遇耍猴的河南老乡杨春义，被其收为义子，并将他带到张掖县甘浚乡三关村居住。

从西南方向夹击，张经国亲历了这次残酷的战斗。当时，军队的安排是先步兵，中间骑兵，后面炮兵。当敌人攻上来的时候，指挥员正站在山头的岗楼上，手举望远镜密切注视着整个战场敌我兵力和炮火分布情况。面对疯狂的敌人，炮兵团的全体指战员，计算好距离，对准瞄准镜，恨不得几炮就把虎狼一样的敌人打下去。炮兵团十几门大炮，轰隆着在敌人的骑兵群中炸开，许多敌人栽下马，被惊马拖着狂奔。击退了敌人几次较大规模的冲锋后，一条山战斗初战告捷。

一条山战斗之后，红军开始西进，所过之处正是马步青的地盘，他急忙调集其军队主力步、骑兵，大举向红军杀来。红九军古浪激战，伤亡惨重，被迫放弃古浪，夺路到达凉州地区与红三十军和红五军会合。

部队到达武威后，张经国所在的炮兵团住在武威城南关。一天夜里，团长向大家传达了总部的命令，要炮兵团每一个班绑一副夺城的云梯，做好攻打凉州城的准备。命令传达后，炮兵团各班立即行动。但是，搭云梯两次夺城未成，于是总部命令集中炮兵团的火力，用炮攻城，后因武威城敌军防守森严，只得放弃武威，向永昌进发，部队苦苦坚守于永昌、山丹一线。

1936 年 12 月下旬，西路军又顶风冒雪向西开进。红三十军从大马营到民乐，后由民乐沿祁连山到达安阳花寨子，再由花寨子到龙渠黑河总口附近，踩冰过河到西洞堡，又连夜行军到达倪家营。倪家营是个小村落，稀稀拉拉地分布着几十个土围院落。红军刚到，马匪军立即尾随而至，开始发起进攻。马匪军先以土炮向倪家营轰击，然后密密麻麻的步兵又发起冲锋。红军由于子弹缺乏，只能以手榴弹阻击一下，然后手持大刀、长矛、木棍等扑上去御敌于营垒之外。双方反复厮杀，从旷野杀进土围内，又从土围内杀回旷野，一直到日落方息，这样的战斗持续数日，倪家营内外已血流成河。

1937 年 2 月 21 日，红军从倪家营向东突围，边战边走到达西洞堡，马匪军又追了上来，红三十军猛烈出击。当时，炮兵的任务是配合骑兵行动，当敌人靠近的时候，炮兵的十几门大炮就全线出击，等炮兵把敌

1979 年张经国(二排左)在流落红军座谈会上

骑兵打散,步兵和骑兵举枪挥刀杀向敌阵。经过一天一夜的激战,消灭追敌一千多人。西洞堡战斗虽然胜利了,但是,炮兵团的炮弹也全部打光了,又没有原料造,总部只好决定暂时撤消炮兵团的编制,把战士们分配到其他团当步兵,排长以上的干部集中起来,保存技术力量,等待时机再组织炮兵团。

西路军二进倪家营后日夜血战,部队损失巨大,便乘夜向祁连山突围。当部队进至临泽以南的三道柳沟一带时,马匪军又尾随而至,红军被马匪军分隔包围,只能以大刀、木棍顽强拼杀,每天都要承受马匪军的数次猛攻。马匪军发现红三十军人最多,也最能打,就重点向他们进攻。红三十军将士与马匪军苦苦战斗,无数在雪山草地中都没有倒下去的战士,在这里倒下了。军政委李先念亲自上阵指挥,三道柳沟的血战持续到了 3 月 11 日夜里,总部集合各部人马互相接援,杀出重围进梨园口向祁连山退去。

梨园口是进入祁连山的一个关口,红九军把守关口,掩护总部及伤员向山中转移。马匪军很快围攻上来,红九军将士冲出阵前,挥舞大刀奋勇御敌。马匪军的骑兵部队轮番进攻,红军战士筋疲力尽,红九军损失惨重,红三十军又冲上来堵住敌军。为了掩护总部和伤员转移,红三十军将士同样血溅沙场,以无畏的奋勇精神殊死战斗,在打光了全军的两个主力团后,终于击退了马匪军。

西路军剩余部队沿梨园河向西到榆木庄，又向南进入大肋巴口，沿大肋巴河到马场滩、牛毛山，又从柏树沟的塔尔寺陆续汇合到了祁连山中的康隆寺一带。马匪军追至康隆寺，一场血战后，虽然击退了敌人，但红三十军也终于垮掉了。张经国也在这次战斗中负伤，左腿大腿中弹，他不得不藏匿了党证，隐瞒了身份，在山中躲了起来。

在以后的半年多时间里，张经国流落在肃南红湾寺，后流浪出山，在高台、临泽、张掖一带靠讨饭度日。一次，他流浪到临泽县板桥乡，偶遇耍猴的河南老乡（张经国认为是老乡）杨春义，被其收为义子，并将他带到张掖县甘浚乡三关村居住。1937 年底，为躲避抓兵，张经国被杨春义送进张掖城里，在王兴隆的当铺里当了一名店员。结果又被敌人发现，王兴隆只得再将他转移到自己在酒泉的当铺当学徒。敌人搜查几次扑空，恼羞成怒，就将王兴隆抓去严刑拷打，王兴隆不吐真情，后花钱才被放出，时年，张经国 24 岁。1940 年，张经国与王兴隆同母异父的弟弟之女衡月英结婚成家，生有儿女，后到小满乡小满村二社定居务农。

他流浪到临泽县板桥乡，偶遇耍猴的河南老乡杨春义，被其收为义子，并将他带到张掖县甘浚乡三关村居住。

张掖解放后，张经国在张掖县小满乡小满村先后担任村长、行政主任等职。20 世纪 70 年代，西路军的问题尚在核查落实中，一些不明真相的人说他是“逃兵”“冒牌红军”，但他坚信问题总会有解决的一天。他熬过了一次次的“审查”“批斗”，即使是带着大牌子，他也默默地忍受。那个年代，他经历了心理上的极大痛苦与煎熬。

70 年代中期，张掖县民政局、县党史资料征集办公室几次派人到河南省去核实张经国的身份。由于当时交通、通讯等各种条件的限制，也因他参加革命时年纪太小，且鄂豫皖三省交界处的大别山革命老区参加红军的人很多，时隔近半个世纪，他对家乡的印象只是一些零碎的记忆。派去核实的人员，根据他和河南省商城县一个叫张民生的人通信的事实，误认为他的家乡在河南省商城县长竹元乡十二道河村，其实，他真正的家乡并未被找到。1978 年，政府给他颁发了“红军流落人员证”，明确了他的政治待遇和生活待遇，之后，河南省商城县的张民生继续和他家保持着书信往来，信中张民生称张经国为叔叔，并且时常寄些天麻等野生的中药材来，就这样一直过了很长时间。

1982年吴建初(后排中)与部分流落张掖的西路军战士合影

1980年盛夏的一个午后，烈日炎炎，暑气逼人，小满二队的许多社员坐在居民点道路的树荫下乘凉。一个人急匆匆从路西头走来，手里拿着一封信，看到纳凉的张经国，将信一塞说："你们老家安徽来信啦！快看看吧！"可他不识字，回家后，屋子里围满了人，他立刻让正上学的儿子把信念给他听。信中说：张经国出生在安徽省金寨县南湾乡麻河村，当时参加红军离开家乡时不到15岁。他家附近有一条河，麻河大桥是他小时候经常玩耍的地方，张家祠堂是他们张氏家族的宗祠，祠堂前有一棵柏树，现在还在。他家还有家谱，张经国这一辈姓名中间是"经"字，下一辈是"传"字辈，上几辈下几辈姓名中间的字的排序都很清楚。听到这里，张经国早已泪流满面，"是真的！确实是真的！"他一遍又一遍反复地念叨着，口音里还夹着浓重的安徽腔。他几十年来经常提到的"麻河大桥""张家祠堂"和祠堂前的柏树，都一一对上了号。

信是张经国的弟弟张经仙之子张传发写的，信里夹着一张安徽金寨张家的照片，照片上是一男一女。信中说照片上的男人是张经国的弟弟，女的是张经国的妹妹，他们家有兄妹三人，他们的父亲给兄妹三人起了好听的小名河清(张经国)、金鱼(张经国的妹妹)、满堂(张经国的弟弟张经仙)，照片上的一男一女与张经国的长相很像。信中还说，自从

他流浪到临泽县板桥乡，偶遇耍猴的河南老乡杨春义，被其收为义子，并将他带到张掖县甘浚乡三关村居住。

张经国参加红军走后，就再无音信。几十年间，他们无时不在打听张经国的消息，由于大别山区交通不便，消息闭塞，始终毫无结果。他们只知道叔叔去西北打仗时牺牲了，每逢清明节，都要面向西北焚香、烧纸，祭奠故去的亲人。直到这一年，经过多方打听，他们才得到一点消息。听人说，在河南离他们家二十多里的一个地方，有个姓张的人家和甘肃姓张的一家经常通信，他们决定去了解一下具体情况。于是，张经仙的儿子张传发背着铺盖，带着干粮，翻过两个山头到了那个姓张的人家，即张民生家。几经周折，要出了几封信拿回家，全家人看信后才恍然大悟，原来，甘肃张掖那个姓张的人，正是苦苦找寻的亲人啊！

信中，张传发还请张经国在有生之年能回老家看一看。

1980 年 11 月，张经国由长子张传家陪同，踏上了去故乡的列车，了却了他半个多世纪的夙愿，时年，他 67 岁。

1981 年 5 月，张经国在安徽老家住了半年后，由侄子张传发陪同，回到甘肃张掖。1984 年，民政局给他换发了“西路军红军老战士光荣证”，此后，他精神矍铄，老当益壮，还经常操持家务，教育众多子女成才。直到 1986 年 8 月，张经国病故于小满村家中，享年 73 岁。

张经国病故至今，其子女和安徽省金寨县老家的亲人，一直保持着通讯往来。

（张传军）

陈廷品听说易家湾的一个红军被抓住直接捅开脖子的锁骨，穿上麻绳，手腕上剥了皮拴上绳用毛驴拖到民乐县城架柴活活烧死，他们更加不敢外出走动。

陈廷品——梦断无续

陈廷品，男，1906 年出生于四川省巴中县平梁区曙光乡三大队一个贫苦农民家庭。

那时的四川，在中国的地理版图上偏处一隅，而陈廷品的家乡巴中地区更是全省的偏僻地方。当时日本侵略者蚕噬中国，由东三省扩展到华北，抗日的浪潮如火如荼。可普通的四川人并不知道外面发生的事情，对于在江西瑞金的中华苏维埃共和国中央政府，人们更是闻所未闻。深受烟毒和苛税之害的人们，日子虽苦不堪言，可是在他们看来，四川就是一个国度，他们所注意和谈论的都是关于四川的事，甚至“国民党”“三民主义”和“蒋介石”这类的名词，老百姓也是一无所知。他们只知道怎么填饱自己的肚皮，养活自己的孩子，陈廷品的父母就是这样的普通老百姓。由于家里穷，陈廷品没有机会走进学堂，自幼在家种庄稼。

1958 年女民兵进入镇压反革命的会场

1933 年 2 月，红四方面军翻越巴山来到川北，来到巴中，这里才热闹了起来。一天，国民党田颂尧的部队放火烧了镇子，红军奋勇扑救，老百姓站在山坡上观望，看着看着，百姓便聚集得越来越近。火势扑灭后，红军将抢救出来的东西发还给老百姓，使灾民深为感动。这个消息立即传遍各乡镇，从此，各乡镇的老百姓再不相信红军杀人放火的谣言，看见红军再也不逃避了。在这期间，陈廷品跟着部队背着背篓去打“绅粮”，每次打得了“绅粮”后，他总能分得一部分粗粮，满心的欢喜流露在脸上，他感受到红军是老百姓真正的军队。不久，陈廷品就在巴州踊跃参加了中国工农红军，被编入第四方面军第三十军八十八师二六五团三营九连一排当战士，积极参加了当地打土豪、分田地的运动。

1965年陈廷品(后排中)在张掖地区流落红军座谈会上

那时，四川一带的农民多半是烟民，成年男子大多吸食鸦片，壮丁几乎找不出没有烟瘾的，连十二三岁的小孩子也有不少染上这种嗜好，成年妇女也有半数以上吸食鸦片，这种状况令红军无限忧虑。因此，红军队伍开展禁烟运动，从妇女开始，渐渐深入人心。陈廷品是本地人，他发挥本地人的优势苦口婆心地劝说，经他们努力，不仅使戒烟运动收到了很好的效果，还扩大了红军队伍。

红军进驻巴中后，因铲除了苛捐杂税，到处呈现出一片蓬勃景象，从此，这里也成苏维埃区域了，苏维埃的旗帜高高飘扬在巴山南麓，这面旗帜的光辉也开始普照四方。1933年8月，川北苏区第一次工农代表大会在巴中召开，千人以上的农民参加，这里的乡下人第一次接受了革命的洗礼。为了遏制红军在川北苏区的迅猛发展，国民党反动军阀田颂尧对红军发起围攻，在仪南战斗中，陈廷品右臂负伤。

仪南、营渠、宣达等战役，虽然红军取得了胜利，但是战争开始不

久，红军即放弃了巴中县，国民党反动派死灰复燃，卷土重来。敌军复进驻巴中，在村中疯狂地反攻倒算，对革命人士及其家属百般折磨，严刑拷打。敌人为逼出陈廷品的下落，把他的胞兄陈廷学抓去残酷吊打。为了活命，陈廷学于黑夜带着9岁的儿子逃跑，至今下落不明。

陈廷品听说易家湾的一个红军被抓住直接捅开脖子的锁骨，穿上麻绳，手腕上剥了皮拴上绳用毛驴拖到民乐县城架柴活活烧死，他们更加不敢外出走动。

为了策应红一方面军的军事计划，红四方面军不惜放弃川北苏区，蹈险犯难。1935年3月，陈廷品所在的部队离开川北苏区从四川向川外进行大规模战略转移，渡嘉陵江西进，开始长征。

为了尽快渡河，陈廷品随部队一面在苍溪王家坝训练渡江动作，一面参加修建由王家坝到苍溪的道路，将红军造的船翻过高山搬运到苍溪附近的一条小河上，陈廷品随部队由岷江地区兼程西进。

在长征中，陈廷品跟随部队爬越险恶的雪山，穿过噬人的草地，天寒衣单粮尽腹空，吃草根皮鞋，忍受了千辛万苦，先后5次受伤，但丝毫没有动摇他为革命坚持到底的决心。1936年的夏季，当“打到天全芦山吃大米”的梦想破灭后，陈廷品跟随部队历尽千难万险后幸存了下来，走出崇山峻岭和草地，由四川西康向甘陕北进。

1984年民乐县流落红军老战士合影

红军在会宁会师后，强渡黄河，红三十军仍担任前卫，他们个个像一把利剑，直刺敌人的心腹，向西北警戒马步青部，向东北警戒宁夏马鸿逵部。在每人不足30发子弹的处境中，与马步青部和马鸿逵部进行了多次激战。在一条山，与匪军血战三昼夜，陈廷品也被围在土围子中，他看见敌人像铁桶似的围在外面，一队队的敌骑穿梭似的奔跑。为了冲出重围，伙夫也拿起了扁担，宣传员拿起了石头，参加战斗，经过浴血奋战，红军终于取得了重大胜利。

由于"宁夏战役计划"的失败，他所在的部队奉中央军委之命组成西路军，在河西走廊开辟新的根据地。

11月的西北高原呵气成冰，寒风呜咽着，枯草瑟缩着，穿着单衣的红军将士分左、中、右三路浩浩荡荡向西进发。陈廷品所在的红三十军为右路军，为避开敌人的袭扰多在夜间行军。在大靖，他们围困了马敌的工兵营；在永昌，敌机成捆投下传单，陈廷品就帮炊事员去捡"最好的引火柴"，炸弹轰起冲天的烟柱，流弹又打中了陈廷品的左手，但他带伤参加战斗。向西挺进时又冻又饿，他们这些伤员被集中到洼地背风的地方，大家拾干柴点火暖身子。陈廷品拾来狗尾巴草裹进破布缠在脚上，他知道后面的路都要凭着这双脚走下去。

离开永昌后，他们连日越荒漠，冒严寒，涉黑河。脚上裹的破布茅草早已磨掉，只能赤脚走在砾石滩上，陈廷品的脚冻得肿胀、溃烂，血水和泥土冻在一起。1937年1月3日，他们进驻到临泽倪家营子，开始布置防务，筹粮筹款，寻机歼敌。西洞堡大捷，是陈廷品打的终身难忘的一次胜仗，他还记得他和战士们抖掉身上的尘土，跳出工事，收集缴获的物资的情景。

陈廷品所在的第二六五团号称"夜老虎"，善于夜袭，他们时常以小股部队夜间扰袭敌人。他们行动前，先把易于弄出声响的水壶、饭碗、茶缸等尽量留下，摸到敌人跟前痛杀，让敌人猝不及防。陈廷品清楚地记得他们火烧敌人弹药库的场面。一次，他们得知敌人把大批弹药运到一个庄子里，他们就抬着梯子摸进去，点火爆炸，那火光整整

映红了半个天空，敌人的20车军火也随着轰隆声被焚毁。在倪家营战斗中，他们与敌兵三个旅血战五昼夜，他们用来隐蔽身体的残墙只有二三尺高，敌人的枪弹打得这些矮墙上的土块四处飞迸。由于战士们枪弹极其匮乏，只有在敌人走近时才能打，手边有什么就用什么打，就这样，终没能架得住敌人的枪打、炮轰。陈廷品他们一班12人只剩下两人，陈廷品是幸存者之一，虽耳聋腿瘸血肉粘连，但总算活了下来。

陈廷品听说易家湾的一个红军被抓住直接捅开脖子的锁骨，穿上麻绳，手腕上剥了皮拴上绳用毛驴拖到民乐县城架柴活活烧死，他们更加不敢外出走动。

石窝会议后，大家分散行动，同志们含着泪告别了，并肩作战患难与共的阶级兄弟从此各奔东西了。陈廷品和11位难友在祁连山中各找出路，在零下二十多度的严寒中，他们白天藏在山洞中，搜山的马匪军来来往往他们都看得真真切切，夜晚出来讨点吃喝。在吃草根、树皮、野猫子、老鼠的困境中，他们在深山洞里忍受了四十多天，他的双足足趾全部冻得脱落，左手手背严重变形，行动十分困难。民团天天“清乡”，陈廷品听说易家湾的一个红军被敌抓捕直接捅开了脖子的锁骨，穿上麻绳，手腕上剥了皮拴上绳用毛驴拖到民乐县城架柴活活烧死。红军的遭遇如此悲惨，他们更加不敢外出走动。

北航革命委员会赠给陈廷品的纪念章(正背)

随着局势的缓和，难友们分头出山，在临泽、张掖、民乐沿山一带白天躲藏，夜晚讨饭，草垛、破庙、崖湾就是住处。11个人有的走了，有的边走边流落。陈廷品行

王定国(前右二)与民乐流落红军在一起

动不便，哪里能安身，就在哪里躲藏。在地主门口，恶狗窜出来，他又跑不动，被狗咬伤化脓生疮是常有的事。碰上同情之人，才给口饭吃。这样的流浪生活长达9年，双腿也被恶狗咬得伤痕累累。

1946年夏天，他讨要来至民乐县顺化乡旧堡村，经当地人徐士昌说合，与该地死了男人、领着两个孩子的寡妇闫作贞结为伴侣，以种地为生，并在旧堡村定居。由于陈廷品手脚致残，打短工拉长工都无能力，加之又生了一男一女人口增多，自己枪伤冻伤反复发作，生活劳动极其不便，只得一面耕种少量土地一面出外讨要，维持全家生活。

民乐解放了，身经百战、历尽艰险的陈廷品重见阳光，欣喜若狂。12年中，他东躲西藏，被视为“赤匪”“共匪”，过着非人的生活，当地人只知道他叫“陈共产”而不知他的姓名。苦日子总算熬到了头，可以真正过安定的生活了。陈廷品精神振奋，焕发青春，积极参加了反霸斗争、土地改革、全民社教运动，还担任贫协组长等职。1964年，人民政府给他救济一套军衣，只是让他抵御风寒而已，可曾经是军人且年近花甲的陈廷品却激动得一夜没有合眼。1965年2月，他参加了张掖专

陈廷品听说易家湾的一个红军被抓住直接捅开脖子的锁骨，穿上麻绳，手腕上剥了皮拴上绳用毛驴拖到民乐县城架柴活活烧死，他们更加不敢外出走动。

区流落红军座谈会。

1967 年夏天，“北航革命委员会”来人向陈廷品调查徐向前元帅的“叛党罪行”，陈廷品怀着对元帅的一片诚心，如实地证明了徐向前在战争中缴获了国民党军的十二面战旗、电台，埋在梨园口(已经找到)等事实，充分证明徐元帅没有丝毫叛党之举。随后，“北航革命委员会”来信表明：你的证明完全属实。并赠给陈廷品一枚毛主席像章，以志纪念。像章正面是毛主席头像，背面为“北航革命委员会赠”字样。

由于枪伤、冻伤不断复发侵蚀身体，加之患有慢性支气管炎久治不愈，1968 年 1 月，这位历经磨难的红军老人离开了人世，长眠在旧堡村的黄土地上，终年 62 岁。

(王国华　陈徐寿)

左秀英——往事并不如烟

听人说，红军里面有女人，当了女兵还可以穿上裤子，她就产生了要加入红军的念头。

在张掖红西路军烈士纪念馆，讲解员指着一排照片告诉大家，这些都是流落在张掖的西路军战士。我一个个仔细端详，照片上一个熟悉的面孔吸引了我，那不是我们经常见到的左秀英老人吗？她也是一位西路军战士？怀着对老人的崇高敬意，我对老人的一生做了片段追记。

左秀英，女，原名左冬香，1918 年出生于四川省苍溪县一个贫穷的家庭，家有双亲及两个哥哥和一个姐姐。由于家贫，年幼的她八九岁就随哥哥、姐姐一起上山放牛，打柴割草，十二三岁她已独自承担了家中打柴的活计，每天要到离家五六里的山上打柴，然后担到集镇上去卖。在那个年代，她 15 岁以前没穿过裤子，一块破布裹在前面，既是遮羞布又是围裙，这就使她有一种强烈的摆脱贫困的愿望。1933 年 11 月，中国工农红军第四方面军经过她的家乡苍溪，听人说，红军里面有女人，当了女兵还可以穿上裤子。在她的脑海里就有了跟着共产党才有出路，才有饭吃，才能穿上裤子，才能让穷苦老百姓都过上好日子的影响。一次，她担着柴到集市上去卖，集上熙熙攘攘，红军在那里驻扎，召开会议，书写标语，宣传革命道理，动员群众参加红军队伍，这是她第一次见到红军。很快，她就产生了要加入红军的念头，那年，15 岁的她不顾家人的反对，在龙王场毅然走进了工农红军的队伍，也没来得及告诉家里就被集中到一个大院里进行了简短的训话后，她被安排到卫生队当了一名卫生员，主要任务是照顾伤病员。由于她年龄小，部队一直没有配发武器和军装。

她不知道什么实现共产主义、解放全人类的大道理，她最朴素最真切最现实的愿望就是为了能穿上裤子。1935年春，部队开始转移了，后来一直转战于大山之中，几个月后红四方面军撤离川陕根据地，开始了长征，她随部队长征。在这次远征的路上，左秀英吃过煮软的皮带、鞋底。在连续突破敌人的封锁时，左秀英所属部队行走在山间峡谷，地形复杂，伤员无法安全转移，她们就说服当地的老百姓带路帮助转移。在行进间，抬着红军伤员的民夫突然扔下担架，一头钻进密林深处逃遁了，将病重的伤员扔在了路上。情况紧急，再寻抬夫已来不及，身体瘦小的左秀英抬起了担架。由于伤员伤势过重，道路又十分艰险，左秀英等人渐渐落在后面。眼看着部队消失在连绵起伏的群山里，大家心急如焚，翻过一座山头，左秀英听见不远的山谷里传来敌机的轰炸声，一名战士喊道："加把劲，朝敌人扔炸弹的方向走，那里一定有我们的队伍！"几百名国民党兵发现了他们，寻着声音包抄过来。抬着担架的左秀英几人虽然加快了速度，但由于连续多日的强行军、急行军，再加上两天没进过食，左秀英两眼一黑，一头栽倒在地。抬伤员的成了病员倒下了，敌人又步步逼近，几个人处在危难之中。在这危急时刻，红军的一支后卫部队冲杀过来，救了她们。

1973年左秀英（后排右）在张掖县流落红军座谈会上

会宁会师后，左秀英被编入红四方面军妇女独立团一营二连当战士，随红西路军又开始西征。1937年1月，西路军在高台、临泽战败后，左秀英所属部队在张掖甘浚滩因战失利被敌人打散，她和部分战士一起被俘。

听人说，红军里面有女人，当了女兵还可以穿上裤子，她就产生了要加入红军的念头。

王定国(右)与左秀英亲切交谈

被俘后,她们先被关押在张掖大衙门韩起功司令部。关押期间,左秀英天天观察周围情况,时时寻找脱逃的机会。终于,她发现了牢房里的一块石板是松动的,她心中暗喜。一天,她和几个战友抽出牢房松动的石板,从只能挤身的裂缝中逃出。她原本想着逃出魔窟后就摆脱了敌人的魔爪,可以想方设法去寻找部队,可是,敌人的魔爪已经伸到张掖的各个地方,当她逃到黑河附近时再次被捕。这次,她们被押送到了青海,遭受了非人的折磨和凌辱。几天后,马步芳将她们送给了自己的部下做老婆,左秀英被管粮军官申成功强娶做了小老婆。由于地位低下又不能生育,她经常遭受打骂和歧视。

兰州战役开始后,管粮军官申成功一去不回,左秀英被休弃。为了生存,她又和一个叫包世芳的人结婚,婚后两个月因感情不好偷跑出走,给人家当佣人。1946年2月,左秀英又和西宁市的一个国民党连长的勤务兵张占彪结合,张占彪是张掖明永中南村人,家中兄弟四人,他排行老二,他和弟弟张九银都被国民党抓去当兵,弟弟去了新疆,他去了青海。同年6月,左秀英和张占彪两人相约偷了一匹战马私奔,逃回了张掖。回家后张占彪四处寻找职业未果,就以货郎为生,奔走于城乡之间,左秀英也回到张占彪的明永老家务农。两人一起生活了几年,到1949年7月,由于左秀英不能生养等原因,被张占彪逐出家门,从此她失去了立足之地,流浪到了张掖城里。

一天,身无分文的左秀英在张掖东城门外的饭馆里讨要吃喝时碰到了一位好心人,这家饭馆正缺勤杂工,于是,饭馆的张老板便将她收留让她打杂,总算有了一个落脚之地。这期间,常来饭馆的石作贤也是明永新沟村(现沤波村)人,解放前在国民党张掖政府当警察,解放后被遣回,为谋生计,就给各饭馆里卖醋。饭馆的张老板看这个乡下卖醋的人品不错,1949年11月,就把左秀英介绍给了石作贤成了家。

婚后,左秀英也跟随丈夫在张掖城里打杂工。1951年土改时,两人在城里的生活非常艰难,石作贤想回明永老家,左秀英随丈夫一起回到明永沤波村定居,以卖柴为生。此后很长一段时间,当地人都不知道左秀英是红军战士。

1958年,张掖地区对红军流落人员进行摸底登记,由于她身世复杂,经历特殊,又当过国民党的军官太太,因而倍受冷遇和歧视,所以她的红军身份没有得到认可。1962年,政府又一次登记,可左秀英任何证明都没有,又错过了一次登记的机会。虽然她的口音与本地人不同,却也没有过多的人去关注,她一直过着平静的生活,下地种田,自食其力。

1965年,农村开展社会主义教育运动,在清查档案时,人们才发现左秀英红军的身份,甘浚的流落红军刘宗秀和小河的流落红军姬玉珍为她作证,工作组又赴她的四川老家调查后进行了正式登记,这次她被确认享受红军战士待遇时,已47岁。

历经磨难的左秀英早已丧失了生育能力,一生中嫁过几个丈夫却没有一个子女。1959年,石作贤的堂侄石权秀在饥饿中毙命。1962年,石权秀

左秀英(右)与王定国(左)、董桂芳在一起

听人说，红军里面有女人，当了女兵还可以穿上裤子，她就产生了要加入红军的念头。

1984年左秀英(右二)与王定国(左二)杨文局(左一)等红军姐妹留影

的媳妇苗桂香撇下自己还不到两岁的儿子远嫁陕西。左秀英与丈夫石作贤领养了这个孤儿，既做儿子又做孙子，并给他取名叫石正虎。这以后，石正虎就是他们全部的寄托和依靠。

落实了政策又补发了红军战士补贴后，左秀英想回一趟四川老家。1974年，左秀英回到自己的家乡苍溪，此时家中亲人大都已离世，只见到了哥哥的几个儿女。两个月后，她又回到了张掖，从此与老家再无联系，只是后来四川当地政府要修建一个纪念馆，来了一封要求捐款的文书，由于当时家贫，无能为力，只好作罢！

1982年8月，左秀英的丈夫石作贤去世，家里失去了主要的劳动力，有了好转的生活又一下子陷入了窘境，已经60多岁的左秀英还要下地耕种自己的几亩庄稼。

可能是由于红军时期经历过太多的磨难，左秀英把下地干活不叫吃苦，就是在困难时期左秀英也曾说过：现在的苦算什么，比起那时长征时吃的苦要差远了，咬咬牙，一定能挺过去。就是靠着这股精神，左秀英和孙子共同度过了难关。

2002年3月，左秀英去世，终年84岁。

(王军国)

看着一队一队的红军战士被活埋，正在值班的马匪兵班长黄大明动了恻隐之心，他乘人不备，一把将张庭福拉到自己身后躲避。

张庭福——桃花依旧沐春风

张庭福，女，1917 年生于四川省通江县房山坪。小时候家里 4 口人，父母给人耕田种地，哥哥念了两年书就给人放牛割草，她也捡些柴禾去卖。1932 年 8 月，川陕省苏维埃地方武装赤卫军、游击队、少年先锋队、童子军、各县独立团、独立营、独立师纷纷建立，就在这时，张庭福参加了苏维埃通江独立团，在那里当号兵。1933 年 1 月，张庭福加入了中国共产党，她被编入红四方面军总医院当看护，不久又调任川陕省委妇女部部长。她不分昼夜翻山越岭，走村串户，组织妇女，白天下地劳动，晚上飞针走线做鞋袜，打草鞋，赶制军需品支援红军。后来，张庭福又被调红三十军军部文艺股，先后参加川陕革命根据地反“三路围攻”和仪南、营渠、宣达三次战役及反“六路围攻”的艰苦转战。1935 年 3 月她随部强渡嘉陵江，参加红四方面军长征。1936 年 10 月胜利到达甘肃会宁，会师后她随部渡河西征，一路上为伤病员唱歌、跳舞、喂饭、灌药、洗衣服。

张庭福（前排右）与邓金山夫妇

1937 年 3 月，红西路军兵败祁连山后，她服从组织分散突围的决定，

1949 年张庭福(中)在高台与流落红军李大荣(左)合影

在祁连山中打游击，在寻找食物时被俘，被押往青海西宁羊毛厂做苦工。没多久,马步芳军对被俘红军进行大屠杀，将伤残病弱或被嫌疑的人一律送出城外活埋。

一天，马匪兵又押着二三十人出了城,张庭福走在最后。因为不知道敌人押着她们究竟往哪里走,去干什么,她只是怕被敌人侮辱,在脸上抹了黑灰,看不出是男还是女。看着一队一队的红军战士被活埋,正在值班的马匪班长黄大明动了恻隐之心。他看这个孩子很可怜,又走在最后,就顾不得危险,乘人不备,一把将张庭福拉到自己身后躲避。等人走远后,他把这个孩子送到无人注意的地方藏起来。换岗后,黄大明将张庭福悄悄送到了城外的熟人张大嫂家里躲藏,这才发现张庭福是个女孩子。看着黄大明和张大嫂都不是坏人,况且他们冒死救了自己的性命,张庭福便把自己的真实姓名和 15 岁就参加了红军的事,一五一十地告诉了黄大明和张大嫂。

黄大明是高台天城村人,被马匪兵抓兵后,去了青海,替马步芳卖命。他听到红军是在自己的家乡高台兵败,又看着马匪将被俘红军身强力壮的送去做苦力,将体弱病幼的一群一群地活埋,实在天理难容,才心生怜悯救了张庭福。

1970 年张庭福与她的四个儿女

不久，黄大明的一

看着一队一队的红军战士被活埋，正在值班的马匪兵班长黄大明动了恻隐之心，他乘人不备，一把将张庭福拉到自己身后躲避。

张庭福(前排中)与战友在红军妇女独立团遗址留影

个姓刘的连长叫他给自己太太找个使唤丫头，黄大明就想到了张庭福。为了让连长消除疑虑收留张庭福，黄大明编谎说张庭福是他的远方亲戚，三年前母亲去世，父亲又长期跑外，就把她留在了高台，前些天来到青海看他，闲着也没事，就给太太使唤吧。这个姓刘的连长对黄大明的话深信不疑，留下了张庭福。

张庭福很勤快，深得刘连长和他太太的喜欢。过了一段时间，刘连长越来越觉得张庭福不是个一般的农村姑娘，对张庭福产生了怀疑。有一天，刘连长把黄大明叫去问："你实话告诉我，张庭福是不是个红军？"事已至此，黄大明只好把如何隐藏张庭福，又如何发现她是个女孩子的事情掐头去尾地报告给了刘连长。刘连长说："你这样做实在太危险，这不是虎口拔牙吗？如果让上司发现，不仅张庭福的性命不保，就连你我活命恐怕都有问题，你们必须马上走。"

第二天，刘连长给了黄大明一些盘缠，让他留了个请假报告，带着张庭福一起逃出了军营。黄大明和张庭福来到城外的张大嫂家里，换了衣服，昼

张庭福的全家

夜兼程返回了高台天城老家。回家不久，为了掩人耳目，黄大明和张庭福就成了亲，过起了日子。当地人以为是黄大明从青海领来的媳妇，谁也不怀疑张庭福的身份。

2007年2月9日张庭福在自己家中留影

高台解放前夕，张庭福找到在高台搞地下工作的解放军侦察员邓金山带领的侦察队，帮助察看敌情，在大兵压境之下，迫使国民党近千名残兵败将投降。高台解放后，她又积极组织农会、妇女会，清匪反霸。建立乡政权时，她担任了妇联主任，并重新加入了中国共产党。1952年，她任天城乡党支部书记至1959年。后她被精减回乡，只发了少量退职费。1960年，黄大明病故后，张庭福带着四个孩子返回原籍四川通江县。

1983年6月，经高台县政府研究，根据有关政策规定，张庭福享受退休待遇，并发给生活费。1994年夏收后，她带着子女来天城重游故地。2000年7月，高台县政府将张庭福改退休为离休，报销医药费8000余元，往返差旅费1000余元。

现张庭福已年逾九旬，住在四川通江县洛江镇，身体硬朗，子孙满堂。

（陈文宝　杨万禧）

看着一队一队的红军战士被活埋，正在值班的马匪兵班长黄大明动了恻隐之心，他乘人不备，一把将张庭福拉到自己身后躲避。

后　记

红西路军西征的历史已经过去 70 多年了，但是他们用血泪书写的这段历史,却铭刻在我们心中。

西路军西征失败后,部分在鄂豫皖和川陕革命根据地参加革命,从长征的炮火中,从西征的血火中,走出了枪林弹雨，经受了生死较量的红军战士失散了,他们携伤带病,犹如随风游移的种子,飘落在河西走廊的各个角落,不择良莠,生根发芽,在风雨中摇曳着苦撑岁月。他们走出了光荣,走进了苦难。在饥饿的折磨下他们装聋作哑,在朱门柴户、村野庙宇乞讨度日;在马敌的追杀下他们隐姓埋名,在山寨煤窑、街坊店铺卖力糊口;在匪兵的威逼下她们忍辱负耻,被迫沦为敌人的妻妾家小苟全性命。虽然硝烟已过,但他们的命运还在继续,他们经受了人间罕见的困苦与磨难。在生不如死的隙缝中活得那么艰难,又那么坚韧,一熬就是几十年,甚至一生……

党和政府没有忘记他们。新中国成立后,人民政府即对流落城乡的西路军红军战士进行登记核查认定,他们的身份待遇得到改善。许多流落红军被推举为区乡或农会干部,成为基层政权的骨干,但更多的一辈子成了种地的农民,他们日出而作,日落而息,生儿育女，春播秋种。

历史没有忘记他们。从上世纪80年代开始，关注西路军的专家、学者、媒体和长征精神的捡拾者纷至沓来，20多年间将那段沉重的历史翻了又翻。他们在亲身感受长征，也在追逐和传播长征精神。

可以毫不夸张地说，红军长征是一个可以传之久远的东方神话，而西路军西征却延续了一条绵长的精神矿脉，是一面永远鲜艳的文化旗帜。

如今，这些流落民间的昔日红军战士，大多已离我们远去，已经很少有人知道他们当年的故事。本书介绍的落居河西走廊的48名西路军老战士，每个人的身上都有着曲折而苦难的故事。但是，不管是做工还是种地，“红军”是伴随他们一生的符号，他们如孤星北望，尽管过着清贫甚至家徒四壁的生活，也要找回红军的身份，这对他们而言有时甚至比生命更重要……

也许这就是那种精神矿脉的延续吧！

编者

二〇〇八年六月